北京中轴线

李建平 著

华文出版社
SINO-CULTURE PRESS

图书在版编目（CIP）数据

北京中轴线/李建平著.-- 北京：华文出版社，2024.4（2025.8重印）
ISBN 978-7-5075-5887-6

Ⅰ.①北… Ⅱ.①李… Ⅲ.①北京－地方史 Ⅳ.①K291

中国国家版本馆CIP数据核字(2024)第020727号

北京中轴线
BEIJING ZHONGZHOUXIAN

著　　者：李建平
责任编辑：王　彤
出版发行：华文出版社
　　　　　　（北京市丰台区右外西路2号100069）
电　　话：总编室 010-59900723　发行部 010-59900727
　　　　　　编辑部 010-59900752
经　　销：新华书店
制　　版：北京禾风雅艺文化发展有限公司
印　　刷：天津画中画印刷有限公司
开　　本：880mm×1230mm　1/32
印　　张：10.625
字　　数：200千字
版　　次：2024年4月第1版
印　　次：2025年8月第7次印刷
标准书号：ISBN 978-7-5075-5887-6
定　　价：79.00元

版权所有，侵权必究

导　言

北京有一条贯穿城市南北的中轴线。这条中轴线的南端点为永定门，北端点为钟楼，全长 7.8 公里。中国建筑历史学家梁思成先生这样描述这条中轴线："一根长达八公里，全世界最长，也最伟大的南北中轴线穿过了全城。北京独有的壮美秩序就由这条中轴线的建立而产生。前后起伏，左右对称的体形或空间的分配都是以这中轴为依据的。气魄之雄伟就在这个南北引伸、一贯到底的规模。"①

记得上大学时，历史老师曾经带领我们徒步行走北京中轴线，其间他讲过这样一个故事：清朝时，一位外国公使来到北京，想见皇上，又不想按照清朝的要求进行"三跪九叩"。礼部官员就安排他从正阳门入皇城。当进入大清门，经过千步廊中间的御道时，他立刻被天安门的宏伟所感染。天安门高大的城台，黄色的琉璃瓦，红色的漆柱，雕花的门窗，汉白玉的石狮、石桥、石华表，在蓝天白云的映衬下，他仿佛进入了仙境，而且是东方神话中的仙境。然而，这一切只是开始，当他走过天安门后，迎面又是一座与天安门城楼建制一模一样的城楼——端门。走过端门，迎面扑来的

---

① 梁思成：《梁思成全集》（第五卷），中国建筑工业出版社 2001 年版，第 106—107 页。

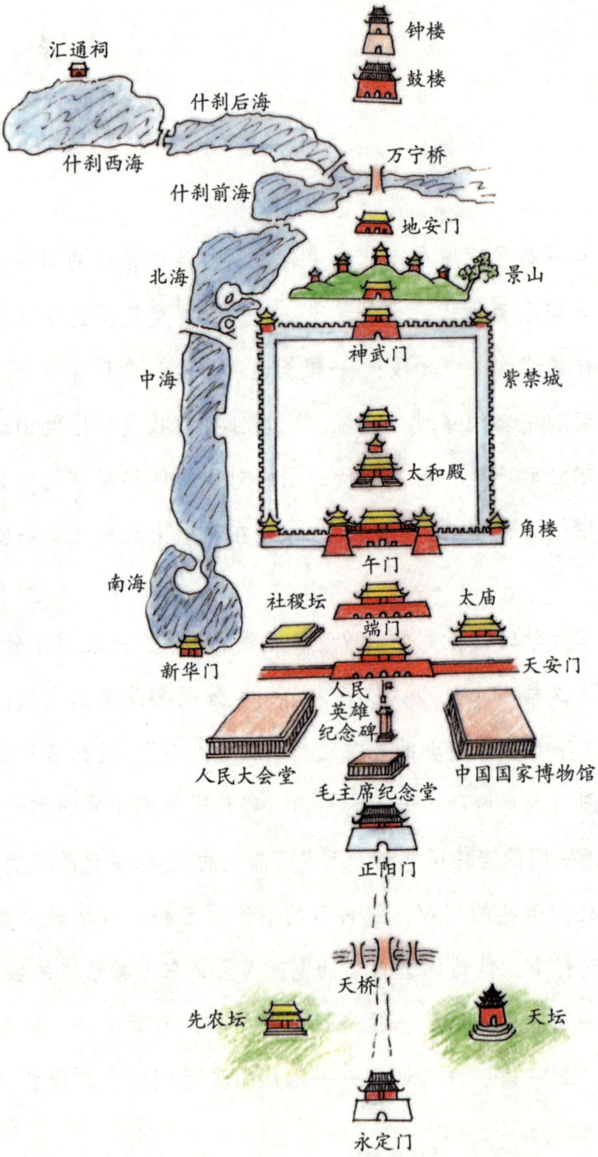
汇通祠
钟楼
鼓楼
什刹后海
什刹西海
万宁桥
什刹前海
地安门
北海
景山
神武门
中海
紫禁城
太和殿
角楼
午门
南海
社稷坛
太庙
端门
天安门
新华门
人民
英雄
纪念碑
人民大会堂
中国国家博物馆
毛主席纪念堂
正阳门
天桥
先农坛
天坛
永定门

北京城中轴线示意图

是午门。午门高大的城楼和两侧伸出的城垛,像一位巨人张开双臂,把他收入怀抱。午门前的广场又自然增加了皇宫的神圣、威严与神秘。这位公使进了午门,走过内金水桥,穿过太和门,走上太和殿时,他已经感到自己不得不下跪了。他说,他要跪的不是中国皇帝,而是被如此雄伟、辉煌的东方建筑文化所感染,他不得不臣服,不得不下跪。应该讲,北京中轴线上的建筑,从整体上来看,集中国古代建筑之大成,是中国画的长卷,而每一座建筑又都是一幅优美的建筑图画,展现着中国古代建筑的精髓。

了解北京的人爱说,北京城大气,有气魄,像一首诗、一幅画,更像一组雄壮的进行曲。其中,中轴线的韵律感是非常值得称赞的。

我们可以从外城南端的永定门说起。永定门是北京外城正中的城门,从这南端的城门踏进北京城,中轴的乐章就开始了。一路向北行进,在中轴线左右是天坛和先农坛两个约略对称的建筑群,经过一条长长的市楼对列的大街,到达珠市口的十字街之后,才面向着内城的第一个重点——雄伟的正阳门箭楼、城楼。在箭楼门前百余米的地方,是一座大牌楼和大石桥,为北京中轴线第一个重点建筑(正阳门)做了前卫,但这还只是一个序幕。

过了此点,从正阳门城楼到毛主席纪念堂、人民英雄纪念碑、中国国家博物馆、人民大会堂、天安门,一座座国家纪念性建筑、礼仪性建筑、标志性建筑一起一伏,一伏又一起;广场的长度和天安门前的宽度,是最有特色的城市广场空间处理方式,衬托着建筑的主次布局。由天安门后面的端门开始,是一系列轻重不一的宫门和广庭，黄色的琉璃瓦顶，一层又一层的起伏嶙峋，一直引导到太和殿顶，便到达中轴线前半的极点；然后向北，重点逐渐退削，以神武门为尾声。再往北，又奇峰突起，宽阔的景山做了宫城背后的衬托。景山中峰上的万春亭正在南北的中心点上，由此向北便是一波又一波的建筑相互呼应。经过车马喧嚣的万宁桥，一条街市将我们引向鼓楼前，高大的鼓楼、钟楼建筑相继展现在中轴线上。

如果你是一位音乐爱好者，便会发现，中轴线就是一曲波澜起伏的乐章。这首乐章有远有近，有轻有重，有浓有淡；不仅有序曲，还有高潮和余音。

走进永定门，表明你已经进城了。城市内建筑并不拥挤，一条笔直的通衢大道将你的视线一直引向正北。这是中轴乐章的开始，它像一首熟悉的音乐，由远而近，是从轻松、欢快的乐章开始。然后，是一个小小的起伏——拱形的天桥出现。过了天桥，情况不一样了，长长的街市把你的视线一直引向正阳门。沿着这条街市越往前走越繁华，两旁的街市多是二层至三层的小楼，前店后厂，驰名京华的老字号一家紧挨着一家，京味文化浓郁飘香。高大的正阳门箭楼、城楼出现了，特别是箭楼前面宽大雄伟的正阳桥牌楼，让你感觉到古都风貌，这里是京城。就像一曲音乐，从悠远的序幕进入高潮，正阳门前的街市、牌楼、箭楼、城楼就是第一个高潮。

过了正阳门，情况又不一样了，在城市建筑体量和色彩上，高大的建筑出现了，人民英雄纪念碑矗立其中，中国国家博物馆、人民大会堂左右对称，遥相呼应，与天安门城楼、人民观礼台组成世界上最大的城市广场，这里呈现的是"首都风范、古都风韵、时代风貌"，是中正和谐向上的旋律，是天安九州的乐章。

经过天安门继续北行，中轴乐章延续不断，一座座古代的城楼出现，先是端门，然后是午门，围合的空间和广庭使中轴乐章饱满而激扬。在高潮中，太和门出现了，太和殿、中和殿、保和殿建在"土"字形丹陛上，有如海上仙山琼阁，飘然耸立，然后是乾清宫、交泰殿、坤宁宫，一座又一座高大的建筑不仅体量雄伟，颜色鲜明，而且空间距离衔接合理，给人的感觉是中轴乐章高潮不退，节奏紧凑，旋律激昂，高大的城楼、宫殿、庙堂使中轴乐章到达全曲高潮，就像《黄河大合唱》进入了《保卫黄河》的乐章，就像《清明上河图》中大船要过拱桥的画面。

过了神武门，又是一个起伏，从景山前面的绮望楼一下子就提高到万春亭，然后再下滑到寿皇殿。这一段展示的是中轴乐章的急剧变化，是男女高音唱响的地方。景山，春有百花秋有月，夏有凉风冬有雪，一年四季好风光，已经成为人们赏花、歌咏的好地方，也是中轴乐章畅想曲的段落。过了景山，又是一段平稳的韵律，由地安门到鼓楼前面，又是一条长长的街市，街市两侧是青砖灰瓦的胡同与四合院建筑。在这段平稳的韵律中又有一个小小的起伏，这就是万宁桥的出现，与序幕中出现的天桥不同，万宁桥的起伏小了，乐章是在平稳中演奏，什刹海通向玉河的流水，使中轴乐章充满灵动。在潺潺的流水声中，中轴乐章进入尾声，而中轴乐章的落幕具有很强的艺术性。梁思成先生认为，是"恰到好处的结束",表现形式就是在中轴乐章尾声出现了高大的鼓楼、钟楼,在这两座高大的建筑周围,是一片绿树丛荫,中间掩映着胡同、四合院。经过高大的鼓楼建筑,迎来的是更加高耸的钟楼,钟楼建筑犹如中轴乐章的最后一个音符,干脆利落地结束了乐章的演奏,同时给人们留下了"暮鼓晨钟"的无限遐想。

可以说,北京中轴线就像一首诗、一幅画、一首歌,有着无穷的魅力。但是,这还是表面的了解,北京城市中轴线还是北京城市的灵魂和脊梁,统领着北京城棋盘式的大街小巷,以及重点建筑的安排和城市的空间布局。一城聚一线,一线统千年,北京中轴线更是中华文化博大精深的缩影,向人们展示着中国古代皇家宫廷文化、宗教祭祀文化、政治礼仪文化、街市商业文化、园林绿色文化等诸多方面。进入新千年,北京于2009年提出"中轴线申遗",并于2022年成为"双奥之城"。这条被人们赞为人类文明、智慧的中轴线就像插上了新的翅膀,继续向着南北两个方向飞翔,使古老的北京与现代的北京完成了时空对接,成为人类文明的一道亮丽风景线,把人类的智慧通过建筑、城市规划集中展现出来。如果你了解北京,了解北京中轴线,就会发现这是一条充满文化魅力的城市中轴线。

目录

第一章 | 中轴线形成的轨迹
- 第一节　中心与中国　　02
- 第二节　红山文化中的坛、庙、冢　　15
- 第三节　中国传统建筑与中轴线　　17
- 第四节　中国古代城市的中心思想与中轴线　　22

第二章 | 元大都城的修建与城市中轴线
- 第一节　元大都城的规划与营建　　32
- 第二节　八卦哪吒城　　35
- 第三节　元大都城中轴线　　44

第三章 | 明清北京城与中轴线
- 第一节　明北京城的特点　　50
- 第二节　明北京城的修建　　56
- 第三节　明北京皇城、宫城　　62
- 第四节　明北京城中轴线　　71
- 第五节　清北京城中轴线　　77

第四章 | 正阳门改建与天安门广场改造

第一节　正阳门改建　　　　　　　　　84
第二节　天安门广场改造　　　　　　　87

第五章 | 北京中轴线南段建筑

第一节　永定门城楼　　　　　　　　　95
第二节　从永定门到正阳门的居中道路　99
第三节　天坛　　　　　　　　　　　　101
第四节　先农坛　　　　　　　　　　　106
第五节　天桥　　　　　　　　　　　　108
第六节　正阳桥与牌楼　　　　　　　　111
第七节　正阳门　　　　　　　　　　　113

第六章 | 北京中轴线中段南部建筑

第一节　毛主席纪念堂　　　　　　　　122
第二节　人民英雄纪念碑　　　　　　　125
第三节　中国国家博物馆　　　　　　　127
第四节　人民大会堂　　　　　　　　　129
第五节　金水河与金水桥　　　　　　　131
第六节　天安门　　　　　　　　　　　134

第七章 | 北京中轴线中段北部建筑

第一节　端门　　　　　　　　　　　　140
第二节　太庙　　　　　　　　　　　　143
第三节　社稷坛　　　　　　　　　　　145
第四节　午门　　　　　　　　　　　　149

第五节	东华门与西华门	152
第六节	故宫角楼	156
第七节	内金水河	158
第八节	故宫前朝与三大殿	161
第九节	文华殿与武英殿	172
第十节	故宫内廷	175
第十一节	东六宫与西六宫	182
第十二节	御花园	184
第十三节	神武门与北上门	188
第十四节	景山	190

第八章 | 北京中轴线北段建筑

第一节	地安门与雁翅楼	196
第二节	万宁桥与地安门外大街	197
第三节	鼓楼	200
第四节	钟楼	204

第九章 | 北京中轴线与传统文化

第一节	左右对称的审美文化	208
第二节	五行、五镇、五色的传统文化	213
第三节	阴阳和谐的理气文化	216
第四节	古代天象文化	221
第五节	吉祥的瑞兽文化	224
第六节	神秘的数字文化	232
第七节	围合空间文化	238
第八节	九门宫阙文化	243
第九节	桥梁水系文化	246

第十章 | 北京中轴线上的宗教祭祀建筑

第一节	元大都中轴线上的宗教建筑	256
第二节	明清北京城中轴线上的宗教建筑	260
第三节	中轴线与五坛八庙	262
第四节	中轴线上的火德真君庙	264

第十一章 | 北京中轴线上的古树名木

第一节	故宫、景山的古树名木	270
第二节	太庙、社稷坛的古树名木	281
第三节	天坛、先农坛的古树名木	285

第十二章 | 北京中轴线的延伸

第一节	北京中轴线的北向延伸	290
第二节	奥林匹克公园规划与建设	292
第三节	鸟巢、水立方和冰丝带	300
第四节	奥林匹克大风景	303
第五节	穿越北京中轴线的地铁8号线	306
第六节	北京中轴线文脉延伸	309

参考文献 313

后 记 315

第一章 中轴线形成的轨迹

第一节　中心与中国

"中国"这一名称从何而来?带着这样一个问题去追寻历史,我们不难发现,"中国"这一名称源于中国古代文化,"中国"含有"中央之国"的意思。"中央之国"的思想源于生活在黄河流域的氏族,他们比同时代的其他部落氏族更早一些进入农耕社会。在农业生产和农耕生活中,人们经过与自然灾害的长期斗争,特别是与洪水的斗争,对天地运转、节气变化、植物生长有了经验性的认识。黄河流域等比较先进的农耕文明更是成为周边部落氏族向往的中心。由此,"中"在古代先民的心目中很早就形成一种观念,即先进的生产和生活方式。换句话说,这种先进的生产方式与生活方式就是黄河流域的农耕文化与生活。此后,在人们心目中逐渐演变成黄土地居中的思想意识。例如,在中国古代先民创立的"阴阳五行"学说中,就确定"土"的位置在中央;同时,在各种颜色的土中,又认定"黄土"在中心或中央。在今北京中山公园(社稷坛)内就有这一典型文化现象。

北京社稷坛为正方形祭坛,用五种颜色的土堆积而成,象征着中国辽阔的大地和领土。其中,东面为青土,南面为红(赤)土,西面为白土,北面为黑土,正中间为黄土。五色土也象征天下五个方位,代表着东、南、西、北、中。在中国传统文化中,五个方位又与其尊崇的神物相结合,例如,东方尊太皞(háo),辅佐为木神;南方尊炎帝,辅佐为火神;西方尊少昊,辅佐为金神;

由五种颜色组成的社稷坛

北方尊颛顼（zhuān xū），辅佐为水神；正中尊黄帝，辅佐为土神。

从崇尚黄土地到崇尚明黄色，是中国由原始社会走向封建等级社会的一个显著标志。在中国封建社会中，人们不仅崇尚黄土地，还尊崇黄颜色，黄颜色被演绎为一种皇权和高贵的象征。封建社会大一统的核心思想或观念就是皇权、皇帝，而皇权、皇帝的标志性颜色就是黄颜色。例如，皇宫建筑要用黄色琉璃瓦，皇帝在正式场合要穿黄色的龙袍或马褂等。北京城作为古代社会的帝都，其城市基础色调是灰墙灰瓦的城墙、街巷、胡同和四合院，而在城市中心区域则是红墙黄瓦的宫殿建筑。这种大面积使用红墙、黄琉璃瓦的建筑形式，可以说是北京城作为封建帝都的一个显著标志。

在远古中国流传着"大禹会诸侯"的故事。传说，大禹在成功治理水患后，为了了解天下究竟有多少氏族部落，决定在黄河流域的涂山拜会天下氏族部落的首领。当时，得到消息的氏族部落首领都来了，同时还带来了各种各样的拜会礼物。在这次拜会上，大禹成了受人尊敬的中心人物，成为"万王之王"，也就是在各氏族部落首领之上令人尊敬的人物。大禹之后,中国进入了阶级社会,出现了第一个朝代——夏。从禹的儿子开始,中国历史上陆续出现了王、天子、皇帝和大一统多民族国家。在大禹拜会天下氏族部落首领后,他还办了一件大事,就是将各氏族部落首领送来的不同样式的青铜器统一铸成九个大鼎,以九鼎象征天下一统和最高礼仪制度。由此,"九"不仅是个位最大的数字,还成为中华文化中最尊贵的数字,是只有天子才能享受的数字——"九五之尊"。之后,中原大地出现"九州"与"五服"。

九州是传说中的中国上古地理区划,说法不一,《尚书·禹贡》认为是冀州、兖(yǎn)州、青州、徐州、扬州、荆州、豫州、梁州和雍州这九个州。"九"在中国古代社会中有最大、最多的含义。当时人们认为,九州可以涵盖天下。由此,九州也是远古中国的别称。

在北京的皇家园林圆明园中就有一处核心景区,名"九洲清晏",属于"九洲景区",位于圆明园前湖北岸,与正大光明殿隔湖相望,是圆明园中的重要景点,也可以说是代表中国古代皇家园林政治文化、园林文化最具特色的景点之一。有人会问,为什么"九洲景区"重要?其根源就是它象征着国家的统一和多民族的团结,是中华大一统的象征。

九洲景区在规划设计上也体现了这一文化思想和现象:九洲景区以圆明园后湖为中心,环湖形成九个岛屿式的景区,即九洲清晏、镂月开云、天然图画、碧桐书院、慈云普护、上下天光、杏花春馆、坦坦荡荡和茹古涵今。这些景区簇拥着后湖,不仅使山水、建筑、景观浑然一体,又突出了皇权"一统九州,天下和谐"的政治意

第一章 中轴线形成的轨迹

圆明园九洲景区示意图

愿。由此可见，国家的统一、多民族的团结在中华民族有着悠久的历史和文化传统，是凝刻在中华民族血脉中的文化精髓。现在，一提及圆明园，人们只知道"西洋楼"，不知道"九洲景区"，这是圆明园园林艺术展示上的一种不足。在圆明园展示教育中，我们既要注重遗址的保护，又要注重中华优秀传统园林艺术的展示，既要有西洋景观，又要展示好中国园林景观。

在九州中，冀州不仅名列首位，还因其地势居中，山水环抱，成为首善之区。

《朱子语录》曾经概括说：冀都天地间，好个大风水。山脉从云中来，前面黄河环绕。泰山耸左为龙，华山耸右为虎，嵩山为前案，淮南诸山为第二重案，江南五岭诸山为第三重案，故古今建都之地皆莫过于冀都。"冀"指华北大平原，作为建国立都之地，北京又是理想的地方。

永定门外大街路西铁道南侧燕墩上有乾隆皇帝《御制帝都篇》，论述了中国古代各个时期都城的优势，分析了北京优越的地理位置和作为都城的优势："惟此冀方曰天府，唐虞建极信可征。右拥太行左沧海，南襟河济北居庸。"赞美了北京建都的天然形胜。

中国古代先民讲究的"五服"，是一种适应原始社会生产关系的社会结构。五服的核心是帝王居中心，然后从京畿逐渐到边远藩属国均臣服于帝王的理想分区和管理模式，也是古代帝王治国安邦的原始思想。这种思想进一步引申，就是围绕中央和服务中央的思想和意识。古代先民认为，大一统国家要有一个中心，这个中心从地域上讲，就是帝王所在的区域，即都城。在都城中还要以宫城（皇宫）

为中心、为核心。由五服图可以看出，核心是中央，或是帝都，然后是围绕帝都的五服，由近及远的顺序分别是甸服①、侯服②、绥服③（也称"宾服"）、要服④和荒服⑤。

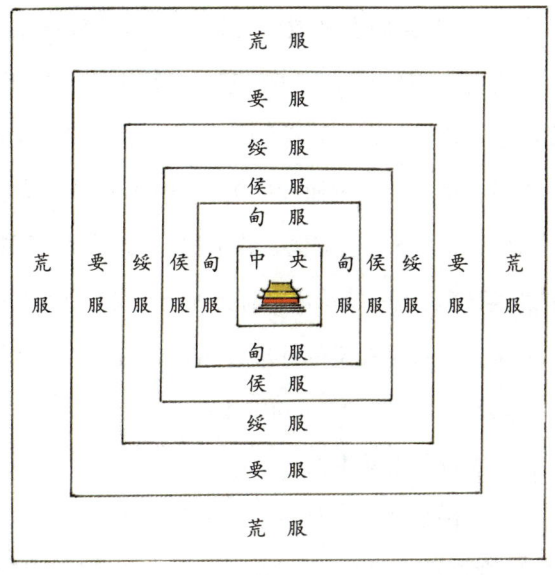

"五服"示意图

① 甸服，距都邑500里，由君王直接治理并收取赋税，分五等。
② 侯服，距都邑1000里，君王不直接治理，仅控制诸侯，由诸侯定期向君王纳贡，分为二等。
③ 绥服，侯服之外距都邑1500里，绥服之地只要服从君王的政教，三百里服文教，二百里奋武卫。
④ 要服，绥服之外距都邑2000里，只要求服从君王的文教，分二等，三百里表示接受君王的文教，二百里表示接受君王的刑法，这里是流放罪人的地方，较荒服为轻。
⑤ 荒服，要服之外距都邑2500里，不要求严格遵从君王政教，按各部族礼俗进行治理，分二等，三百里礼简怠慢，来不拒，去不禁，部族可自由行事；外二百里无任何限制，亦为罪人去国流放之地。

何谓"五服"？据《国语·周语》记载，周穆王时祭公谋父曾解释过"五服"，大意是说以王居住地为中心，按相等远近作正方形或圆形边界，依次划分区域，最近的为"甸服"，然后是"侯服""绥服""要服""荒服"，是为"五服"。

在距今2500多年的春秋战国时期，学术思想兼容并包，空前开放，中心、中央的思想有了升华，这就是孔子关于"中庸"的思想及论述。孔子认为"不偏为中，不变为庸"。《中庸》说："喜怒哀乐之未发，谓之中；发而皆中节，谓之和。中也者，天下之大本也。和也者，天下之达道也。致中和，天地位焉，万物育焉。"其意思是说，喜怒哀乐等感情还没有抒发出来的时候，叫作"中"；抒发出来而又完全符合礼义的标准，叫作"和"。"中"是天下的根本，"和"是天下的通途。能达到中和的境界，天地就会各安其位，正常运行，万物也会正常生长。

我们常说中国的"中"是一个长方形再加上一竖。这一竖不能写偏了，写偏了"中"字就不好看了。在学习书法的过程中，"中"字的一竖非常讲究，既要悬肘、悬腕，又要"中锋"行笔，而且要求用笔垂直于纸面，左右环视，做到不偏不倚，准确地在"囗"的正中攒足气力，先藏锋，然后有力度行笔，确定在"囗"正中。"中庸"之道，比毛笔"中"字的文化内涵要博大精深，其中既有规范要求，又有做人、处世的思维和方法。有人讲"庸"字，认为是平庸，事实上儒家所说的"庸"字含有广泛应用和实践之含义。例如，"庸"字拆开是由"广""手""用"三个字组成，"广"就是在一种原则下具有普遍意义；"手"就是强调亲自动手，具有实践的含义;"用"就是应用。有人概括儒家强调的"中庸",是在待人接物时采取不偏不倚、调和折中的态度。这还是字面上的解释,不偏不倚的深刻含义则是坚持中正或公正,强调的是坚守原则,其中的调和与折中更深刻的含义是包容与宽容。《吕氏春秋·慎势》云:"古之王者,择天下之中而立国,择国之中而立宫,择宫之中而立庙。"也就是说,帝王的位置应该是天下之中,而帝王的住所(宫殿)应该在都城的正中,帝王的宗祠应该在皇宫之中。由此可见,中心、中正在中华文化之中是尊贵的象征。

主张中庸的孔子（北京孔庙内孔子塑像）

从中华五千年的历史来看,中心的思想、中正的意识是深入人心的,是融入中国思想文化建设中的,被人们称为"尚中"。"尚中"是中国文化最显著的特征之一。人们常说的"中式"就是这样一个概念。"中式"是什么?其文化内涵中很重要的内容包括中心、中正、左右对称,中心就是核心;中正就是不偏不倚;中心明显,左右对称,是为了维护或衬托中心。中医也讲究中心,这个中心就是人。中医认为,人在天地之间,受天地等自然环境变化的影响,为此,要以人为本。中医认为,人体的大脑和脊椎是人体的中心,各种器官左右排列,有左右、阴阳之区分;人体四肢的活动,也依靠大脑和脊椎,为此,人们要保护好处于人体之中的大脑和脊椎。

将中心、中正的思想引入建筑,以及确定建筑朝向,是古人根据对天体和大自然的观察而归纳总结出来的。例如,在方位认定上,古人认为正南北方位比正东西方位重要。这是因为如果南北方位正,东西方位自然也就正;如果南北方位能分辨出来,东西方位也自然能找到。由此,在中国古代的四大发明中,有一项发明是"指南针"。为什么要先正南北?这是因为南北朝向有自然标识可以作依据。古代先民在与自然界打交道的过程中发现:白天,人们可依据太阳的投影确定南北的方向;夜晚,人们可依据北斗星的位置确定北极的方向,从而找出南北。由此,在古代先民的印象中,南北方位更加重要,向南能感受阳光,向北能观察北斗七星。有了南北,自然可以找到东西。据有关科学家考察,不仅人类可以依据太阳、星光确定方向,大部分候鸟在天空中长时间飞行时也依靠太阳和星光来辨别方向。例如，有一种叫"滨鸟"的候鸟，在飞行过程中，白天通过分析太阳的偏光定方向，夜间则通过星星的偏光定方向。

　　古代北京城市的主要建筑也体现了人类的这种智慧成果。辽代北京城的建筑多坐西朝东，反映了契丹人追逐太阳的生活习俗，主要建筑是迎着太阳升起的朝向。北京西山大觉寺修建于辽代，是北京地区比较少见的坐西朝东的寺院建筑。从金代开始，历经元、明、清，北京城市的主要建筑受中原文化影响，坐北朝南，主要宫殿都坐落在贯穿城市南北的中轴线上。这种建筑布局和朝向，既反映了儒家正统文化的思想，又适合北方自然环境特点：北方冬季漫长、寒冷，白天房屋需要充足的日照。同时，因为北京是都城，要有明确的朝向和定位，而贯穿城市南北的中轴线就是最明显的城市坐标。有了明确的南北定位，左、右（东、西）对称的建筑就好安排了。北京城市中轴线充分体现了这种中心的思想和观念。贯穿北京城市南北的中轴线可以说是"中"字字形的一竖，而长方形的紫禁城就是"中"字字形的"囗"，中轴线穿过紫禁城就组成了中国的"中"字。

　　这与美国首都华盛顿的城市中心规划不同，华盛顿城市正中也有一条中心轴线，连接林肯纪念堂、华盛顿纪念碑和国会山，而与之相交的是一小横，即白宫的南草坪到杰斐逊纪念堂，正好组成一个"十"字。两条中心轴线展现的是东西方文化、信仰的截然不同。

　　在中国古代社会，将中心、中央的思想上升到理论，与封建

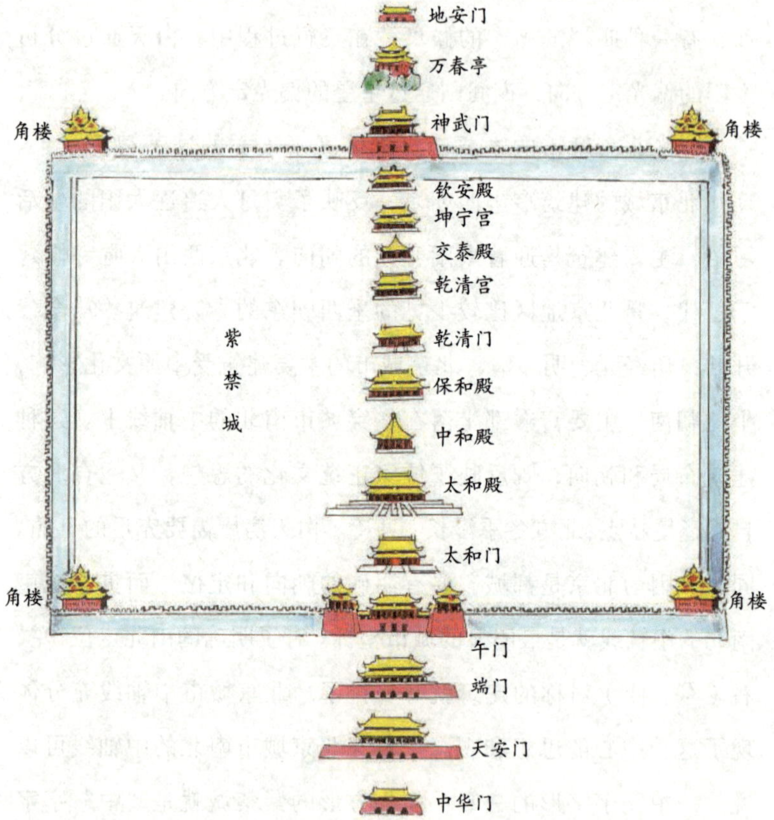

北京中轴线

```
                    地安门
                    万春亭
角楼                 神武门                 角楼
            钦安殿
            坤宁宫
            交泰殿
            乾清宫
    紫      乾清门
    禁      保和殿
    城      中和殿
            太和殿
            太和门
角楼                                        角楼
                    午门
                    端门
                    天安门
                    中华门
```

北京城市中心区规划突出"中"字

社会等级制度的确立有着密切关系。在封建等级和礼制中,最高的等级就是皇权,最高的礼制就是"周礼"。这个礼仪制度的核心就是以帝王为中心。北京是辽、金、元、明、清五朝帝都,城池的规划建设突出皇权至上、至尊的礼仪制度,在城池中心区域

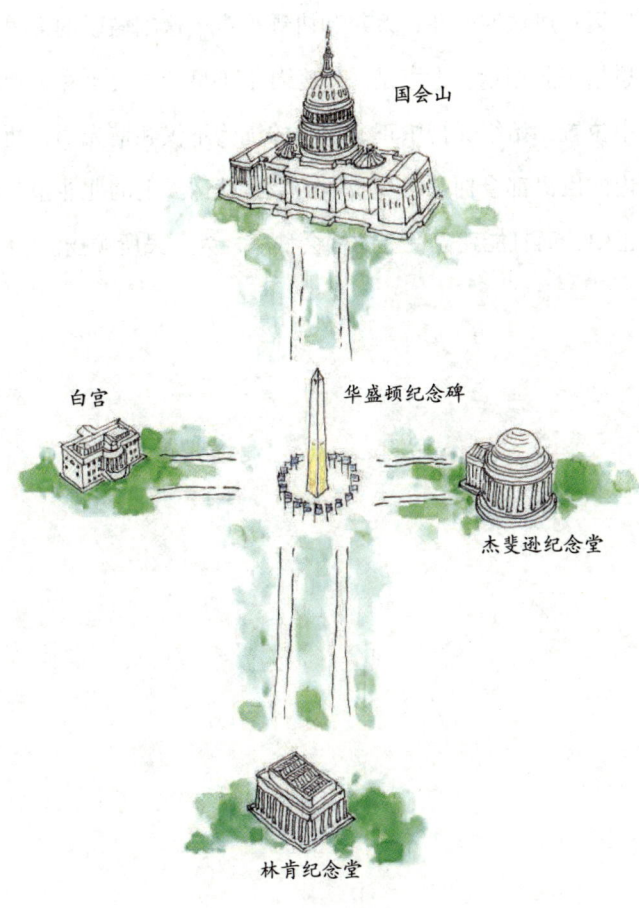

华盛顿城市中心区规划突出"十"字

是皇城,其核心区域是紫禁城。《论语·为政》讲:"为政以德,譬如北辰,居其所而众星共之。"这段话的意思是,执政的君王以德治天下,就会像北极星那样处在天体正中,形成众星拱卫和环绕的局面。北京故宫太和殿有一副楹联:龙德正中天,四海雍熙符广运；凤城回北斗，万邦和协颂平章。这副楹联的意思与孔子的思想一脉相承。大意是，作为君主（皇帝）要坐在天地之间的正中位置，始终保持中正，这样的统治不仅和谐光明，而且四海之内的臣民都会拥戴；都城中的皇宫就像天上的北斗星，不仅位居正中，而且能建立良好的社会秩序，为万民所颂扬。

第二节 红山文化中的坛、庙、冢

中轴线在中国古代建筑中的历史十分悠久。1979年5月，在喀喇沁左翼蒙古族自治县（今辽宁省朝阳市）东山嘴发现了5000年前的女神庙、石祭坛和积石冢。① 这处遗址呈现的特点是：女神庙建在高高的山顶平台上，十几个积石冢环列周围，与远处的猪头山遥相呼应。女神庙遗址由北向南，为一根轴线，东西两侧各

红山文化积石冢示意图

---

① 辽宁省文物考古研究所编著：《辽宁重大文化史迹》，辽宁美术出版社1990年版。

有对称式连体建筑。最奇特的是，石祭坛布局有南北向的中轴线。整座祭坛布局轴线分明，碎石建筑分两翼或主次排列在轴线上。这一建筑布局，尤其是方与圆的巧妙搭配，更与5000年后北京天坛建筑布局有着惊人的相似之处。

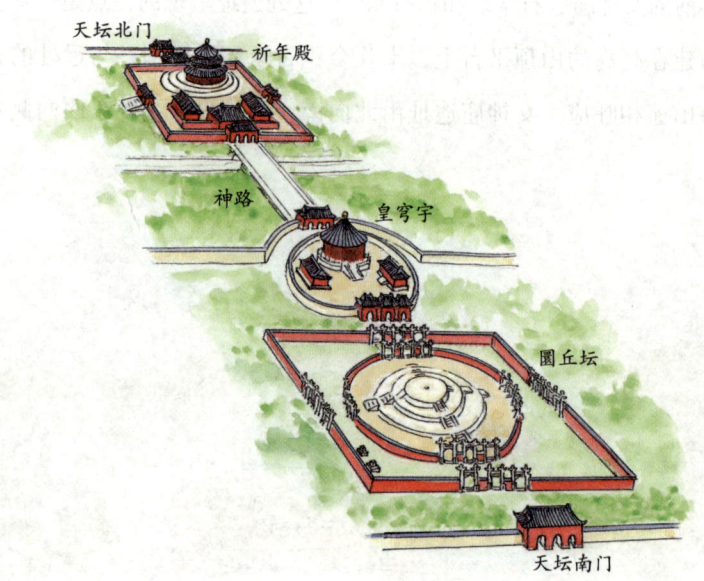

天坛主体建筑布局示意图

第三节　中国传统建筑与中轴线

可以说，红山文化中的中心思想和有中轴线建筑的布局一直影响了中国几千年的社会发展。现在，我们看到的天坛建筑布局、紫禁城建筑布局、十三陵建筑布局，以及一些标准的四合院、寺庙、道观等建筑布局都有中轴明显、左右对称的特点。

北京四合院是一种独特的民居建筑，主要集中在北京老城区域。有人说它是紫禁城布局在民间建筑上的翻版，是因为北京四合院有着典型的帝都民居建筑特征。北京四合院除了大门安排在东南（八卦中的"巽"位），就整体院落来讲，最突出的特点也是中心明显，整齐对称。中心就是内院的大北房，处于院落正中，

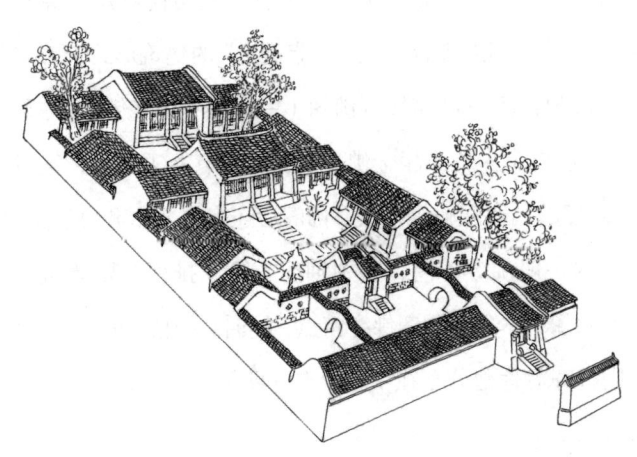

北京四合院布局示意图

与面南的垂花门形成院落建筑布局的中心线，即中轴线。院内的东厢房、西厢房，东抄手廊、西抄手廊，甚至包括院内种植的树木，均左右对称地布局在轴线两侧。

在北京王府建筑中，恭王府是目前保存最好的，也可以说是北京王府建筑的典型代表。恭王府位于北京市西城区前海西街17号，其中轴线南起府门，北止蝠厅，穿越府邸及花园，在中轴线上建筑依次有府门、仪门、银安殿、嘉乐堂、佛堂、花园正门（俗称"西洋门"）、独乐峰、蝠池、安善堂、福字碑、秘云洞、邀月台和蝠厅。整座府邸与花园不仅规划整齐，布局合理，而且有一条明显的中轴线。

北京有千庙之城的说法，无论是佛教、道教、伊斯兰教、天主教，还是基督教、东正教，凡采取中式建筑布局的，或在北京老城修建的，均带有明显的中轴线特征，尤其是寺庙的主要殿宇一定坐落在中轴线上。北京市东城区有一座明代修建的寺庙——智化寺[1]，保持了印度佛教寺院"伽蓝七堂"的建筑形式，有山门殿、钟楼、鼓楼、智化门、智化殿、万佛阁（一层供奉如来佛祖，亦称"如来殿"；二层佛龛内置小漆金佛造像，相传有九千余尊，又得名万佛阁）、东配殿、西配殿等；在万佛阁后还有大悲堂和万法堂庭院。与北京城内一般佛寺不同，在中轴线上除了排列主要建筑，还有高大的万佛阁，体现了早期佛寺特点，同时，钟楼、鼓楼、东配殿、西配殿则整齐对称地分布在中轴线左右两侧。

---

① 智化寺，位于北京市东城区禄米仓胡同5号，仿寺院"伽蓝七堂"的规制而建，为京城最大的明代木结构建筑群。

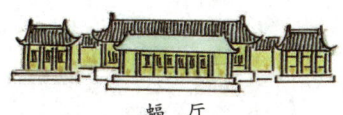

第一章 中轴线形成的轨迹

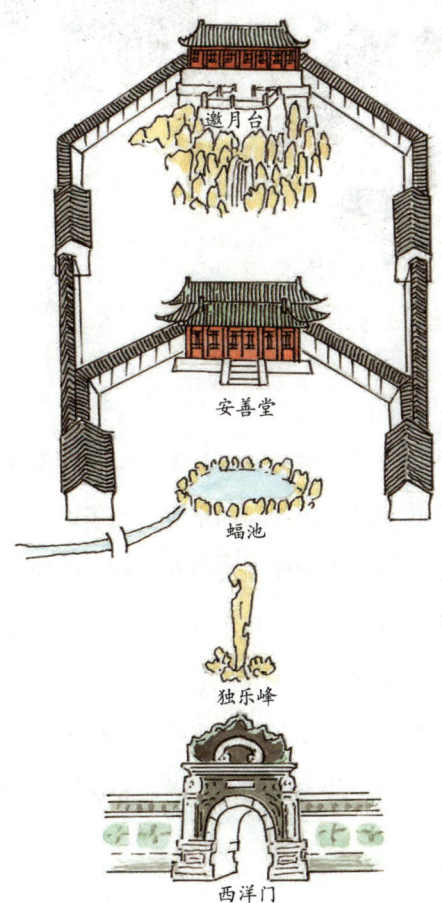

蝠厅

邀月台

安善堂

蝠池

独乐峰

西洋门

恭王府及花园中的主要建筑示意图

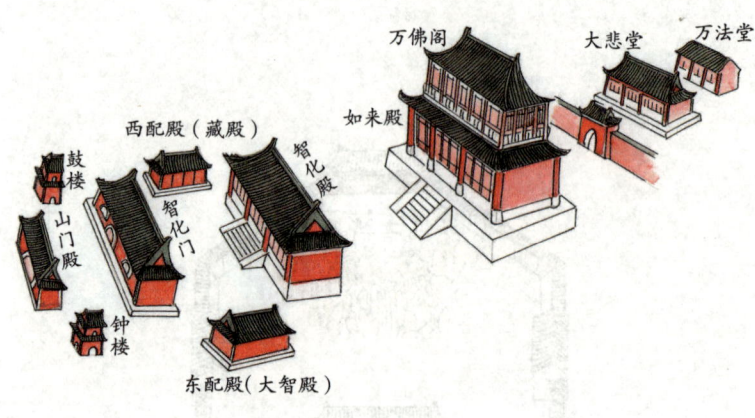

北京智化寺主要建筑示意图

中国的封建帝王对环境的要求,无论生与死都是一样的,活着的时候要住在位于城市正中间的皇宫;死了以后,也要仿照生前的建筑,建造规模宏大的地下陵寝和宫殿。例如,秦始皇的地下宫殿规模巨大,气势非凡,其建筑布局与设施,包括军队,甚至军种排列都与生前相似。明十三陵也非常讲究,不仅规模大,建筑水平也很高,每座陵寝都有一座明楼,位于陵寝建筑的中轴线上。长陵是十三陵中最大的陵寝,规划和建筑布局的中轴线也是最为明显的。

第一章 中轴线形成的轨迹

帝王陵墓地上建筑示意图

第四节　中国古代城市的中心思想与中轴线

中国古代都城规划和营建的历史十分悠久，文化思想厚重。其思想渊源与古代的农耕文化，如井田制有关。被不少人作为理想土地制度的井田制，是中国古代社会农田的主要划分方法。这种方块的土地形状又成为中国古代城池的理想形式。在古人眼中，最初和最直接的形状有两种：圆形和方形。圆形象征天，没有边际，像一口大锅扣在土地上；方形象征地，有四面八方。由此，古人认为，作为敬天的建筑，应该是圆的，而表示生活在土地上的城市，应该是方的。北京城就体现了这种思维和理念。北京天坛祈年殿是敬天的最典型建筑，是圆的；北京天安门是人世间象征皇权的典型建筑，是方的。在方形的城池中，城池的规制和大小，不仅体现中心的大小，还体现封建等级的高低。由此追根溯源，2000多年前流传下来的周王城就是古代帝王都城规划的理想蓝图。

据《周礼·考工记》记载："匠人营国，方九里，旁三门，国中九经九纬，经涂九轨。左祖右社，面朝后市，市朝一夫。"这样的城池规划布局就是古代帝王的理想都城，也就是天子居住的地方。

根据《周礼·考工记》的记载，我们可以清楚地看出，中国古代理想的都城是方形的。在方形的城市正中有一个中心是宫城。宫城就是帝王居住的场所，换句话说，就是以帝王为中心。方形的都城有东、南、西、北四个方位，每个方位都有三个城门，而且这些城门又是相互对应的。由宫城到城门的道路，是帝王与国

第一章　中轴线形成的轨迹

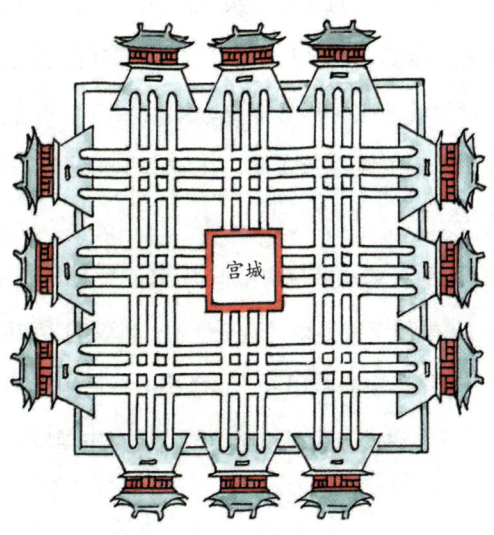

古代周王城示意图

人（市民或平民）出行的交通线，这些交通线就是古代都城最早的城市街道，人们称其为"城市纹理"或"城市肌理"。这些城市肌理为网格状，大的称街，小的称巷，北京城称胡同。

在中国古代都城规划中，不仅突出中心，还逐渐演变成城市中轴线突出的现象。根据封建帝王"唯我独尊"和"王者必居天下之中"的思想，皇宫及皇城都被安排在城市的中心，而为了进一步突出这些代表王权或皇权的建筑，又以皇宫最主要建筑为核心。例如，北京紫禁城中的太和殿，向南北两个方向延伸，形成坐北朝南、层层递进的建筑布局，用一条皇帝专门出行的道路（御道）串联，这就是紫禁城中轴线。中轴线不仅反映了东方传统文化精神，也反映了"皇权至尊"的封建等级思想。这种思想在古代都市规划布局中得到具体的展现和应用。目前通过考古勘测,初步确定曹魏时期的邺北城是比较早形成中轴线的城市,其特点是在城市规划中突出了城市主要建筑布局,在城市正中间形成贯穿南北的城市中轴线。

根据考古勘测,邺北城从南城垣中央的城门——中阳门开始向北,经止车门、端门至文昌殿,这是外朝;内朝的听政殿为宫城区,这些建筑被一条城市中心线串联。这条中心线后来发展成帝都城市最为突出的城市中轴线。曹魏时期的邺北城在中国城市发展史上占

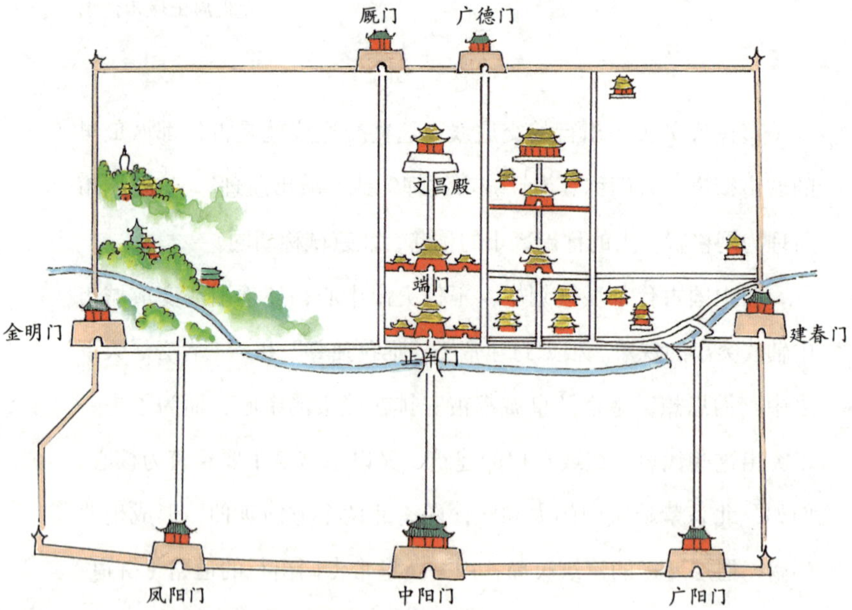

曹魏时期邺北城平面示意图

有重要地位，它结束了夏、商、周及秦汉以来，以宫庙或宫殿为主体的城市布局，开创了以城市中轴线为特点的封闭式里坊制城市布局。到北魏修建洛阳城时，又改变了邺北城内外朝并列的形式，宫城继续向纵深发展，出现了更为明确、壮观的城市中轴线。

唐宋时期，中国城市规划和建筑到达了高峰时期，尤其是帝王都城的规划，皇城皇宫的规划建设渐至辉煌。这种辉煌的表现之一就是大气，尤其是宫殿前面开阔的广场和笔直的御路，衬托高大巍峨的宫殿，显得气势非凡。盛唐时期在长安修建了著名的大明宫，大明宫的主要建筑在一条线上，形成气势恢宏的皇家宫殿建筑群。

北宋年间，中国封建社会经济达到高峰，古代建筑营造技术也达到高峰，反映在城市规划建设上更具有大都市的气派。在东京汴梁城（今河南省开封市）内，一条长达十余里的御路使城市中轴线更为明确。这条御路从皇宫正门——宣德门开始，向南经过州桥、内城南门（朱雀门）、龙津桥，直抵外城南薰门。

在北京城市发展历史长河中，金中都城是一个里程碑。历史地理学家侯仁之认为，金中都城是在北京远古蓟城的遗址上成长起来的最后一座大城。金中都城的扩建是仿照北宋东京汴梁城建造的，一条通向皇宫的御路与宫城构成城市中轴线。从《北京历史地图集》[①]一书中刊登的金中都城图，我们可以清楚地看到，从城的南门——丰宜门向北，过龙津桥、宣阳门（丹凤门）、千步廊

---

① 侯仁之主编：《北京历史地图集》，北京出版社1988年版。

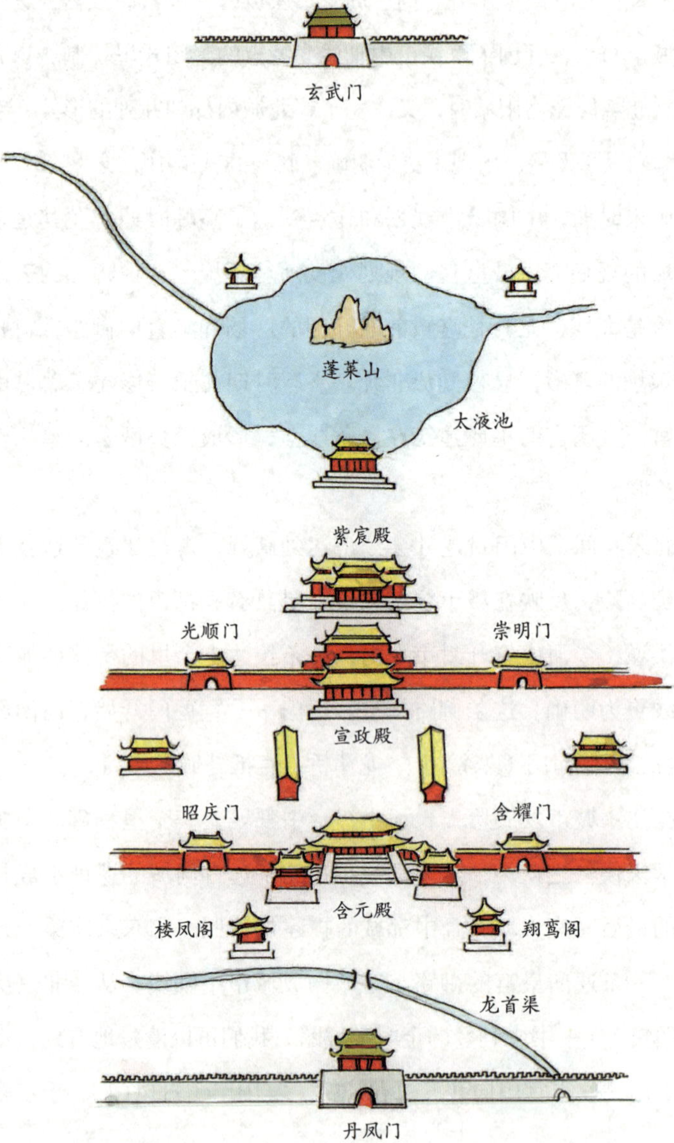

北京中轴线

唐大明宫主要建筑示意图

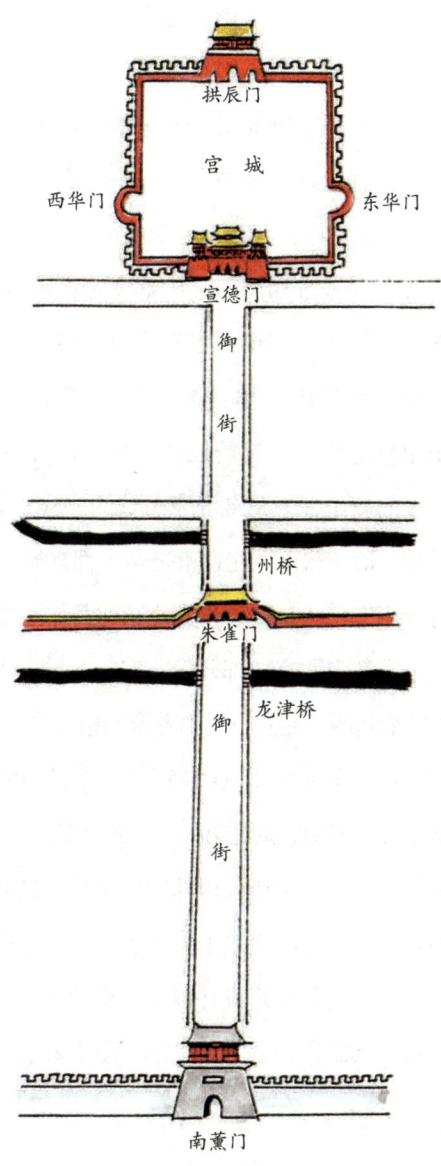

北宋东京汴梁城御路示意图

御道,直抵宫城南门——应天门;过应天门,便进入宫殿群,轴线上依次排列着大安门、大安殿、宣明门、仁政门、仁政殿、昭明宫、昭明门,一直到宫城北门——拱辰门;出拱辰门外又是一条笔直的大街,一直通向中都城北门——通玄门。这就是金中都城市中轴线。据考古工作者勘测,这条城市中轴线长约4公里。

根据实地考察和考古勘测,金中都无论城池规模,还是宫殿建筑规制,在北京历史长河中都占有重要地位。由北京大学历史学系老师编写的《北京史》(增订本)指出,海陵王迁都北京不单在金朝发展史上标志着一个新阶段的开始,而且在北京历史上也是一个意义重大的新纪元。从此北京就成为一代王朝的正式首都,一直沿行元、明、清三代。[①] 北京市把金中都宫城落成、海陵王正式下诏迁都的天德五年(1153)作为北京建都的开始。

为什么以金中都为北京建都开始?实际上早在20世纪80年代就有人回答了这个问题。北京市文物专家刘精义先生在为1989年出版的《金中都》所作的序言中,明确提出:"金王朝是12世纪统治中国北方半壁河山的王朝,又是第一个正式建都于北京地区的王朝。它的都城——中都,在中国历代国都中以及北京史上均占有重要地位。中都城的建设、规划,博采了内地王朝都城建设的精华,又有北方地域性的特点。它的营建设计以及都市的内涵,不仅反映出城市功能日趋成熟,也开辟了元、明、清都城建设的先河。"[②]

---

① 北京大学历史系《北京史》编写组:《北京史》(增订本),北京出版社2012年版,第93页。
② 于杰、于光度:《金中都》,北京出版社1989年版,第1页。

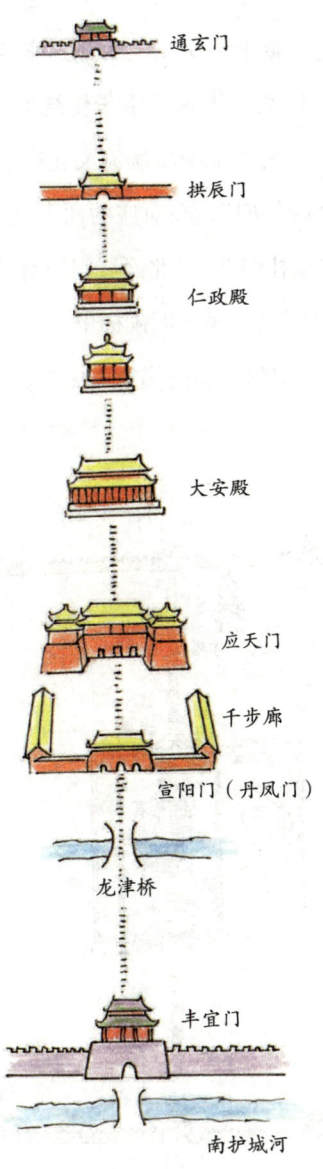

金中都城市中轴线示意图

金中都的城市文化特色也非常了不起，整座城池为方形，按规制每面开三门，金中都城在北面开四座城门，使南北城门在数字上呈现奇数和偶数，体现了中华传统的道家阴阳思想。同时，在四面的城门中，展现了中华儒家文化仁、义、礼、智、信，在东面城门中有"施仁门"，在对应的西面城门中有"彰义门"，在南面城门中有"端礼门"，在北面城门中有"崇智门"，"信"在城市的中心，也就是宫城，虽未明确标出，却为人们留下想象的空间，强调封建皇权也要取信于民的儒家文化和思想。

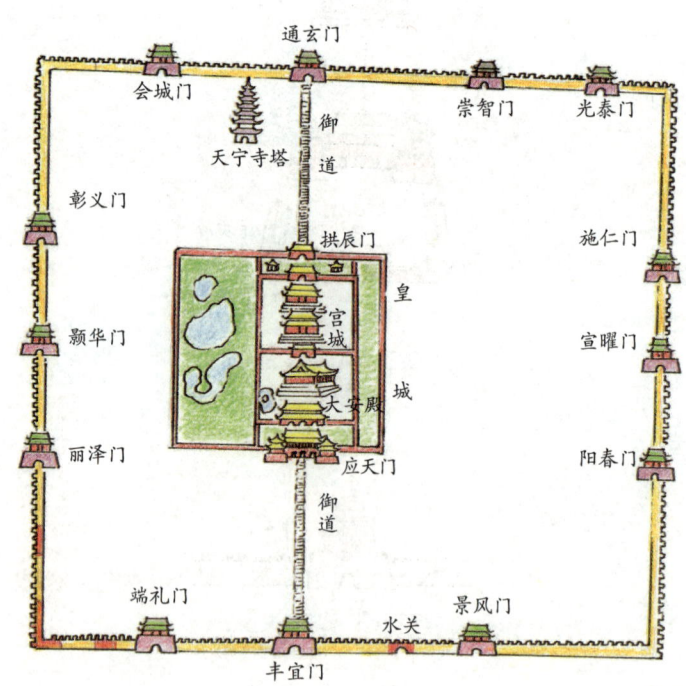

金中都城示意图

第二章 元大都城的修建与城市中轴线

第一节　元大都城的规划与营建

今日北京老城中轴线是在元大都城规划时奠基的。从元大都城布局来看，受到唐宋都城营造的影响，同时吸收和借鉴了金中都营建都城中轴线的实例。上述城池在营建时，都有贯穿城市南北的城市中轴线，使都城更有气魄，更突出皇权的至高无上。所以，元大都城在规划营建时，城市中轴线就成为城市布局的重要依据。

有一个传说，在元大都城修建前，忽必烈曾站在琼华岛东侧的高地上，向东、南、西、北四个方向各射了一箭，确定了大都城的位置。向南射出的那一箭，确定了大都城市的中轴线。这显然是民间传说，没有史实依据。有专家考证，城墙"马面"[①]之间的距离大约是一箭之遥。而经考古勘测，元大都城的北城墙长 6730 米，东城墙长 7590 米，西城墙长 7600 米，南城墙长 6680 米，周长 28 600 米，面积 50 余平方公里[②]，这是任何高超的箭术也难以达到的。上面传说中，比较接近真实的是元代著名寺庙——大圣寿万安寺（今北京白塔寺）是由元世祖忽必烈射箭划定的。北京大学的宿白教授在《大藏经》里发现了元代建塔碑文，并著文校释认为，大圣寿万安寺为元代皇家在大都兴建的重要工程之一。《佛祖历代通载》卷二十二记载该寺四界为元世祖所钦定："帝（元世祖忽必烈）建

[①] 马面，指的是突出于城墙的墩台，是古代的一种城防设施，亦称为敌台、墙台。
[②] 侯仁之主编：《北京历史地图集》，北京出版社 1988 年版，第 29 页。

大圣寿万安寺,帝制四方,各射一箭,以为界至。"经有关专家考证,北方少数民族,特别是擅长骑马射猎的蒙古民族,有射箭划地为界的习俗。一箭之遥大约200米左右,大圣寿万安寺是先修建了白塔,然后请忽必烈以塔为中心,向四面各射一箭,确定了寺院占地范围。当时整座寺庙范围大约16万平方米,每边长大约400米,距中心为200米,符合一箭之遥。

大圣寿万安寺白塔

元大都城的主要设计者是刘秉忠。刘秉忠（1216—1274），元邢州（今河北省邢台市）人。少年聪颖，先做过道士，后出家为僧，精通儒家文化，自号藏春散人，经海云法师推荐给忽必烈，备受信任，参与国家重大决策。至元三年（1266），刘秉忠主持元大都城市的规划建设。他博学多才，精通周易、天象、八卦等学问，由他设计的大都城被民间传说为"八卦哪吒城"。

元大都城的设计者——刘秉忠塑像

第二节　八卦哪吒城

为什么说大都城与"八卦"有关呢？这是因为元大都的设计充分体现了《易经》的思想。例如，八卦中，北为坎位。《易经·说卦》认为"坎为隐伏"，其方位"重险，陷也"，所以，不开城门。从客观实际来讲，这符合中国北方的自然环境和民俗。中国北方冬季漫长，刮西北风，带来的是西北大漠高原上的寒气，由此，传统风水学认为西北风是"烈风""凶风"，侵入人的肌体，有刺骨的寒风之说，多为"凶"；而夏季刮东南风，带来的是东南沿海湿润的空气，由此，传统风水学认为东南风是"和风""润风"，对万物生长有利，多为"吉"。这种传统文化在民居和城市建设上，就表现为城门或宅门开门的方向选择上。一般讲究门要开在院落东南方向，在院落的西北方位要有牢靠的山墙或高大的城墙。由此，元大都城北面正中减少一座城门，而且有高大夯实的土城墙拱卫，以至明代修筑的北城墙仍然是北京四面城墙中最高大和最厚实的。

元大都城门的设计安排也与《易经》有密切关系。举例来说，大都城门的名称中有文明、健德、顺承、安贞等，这些名称皆取八卦乾坤二卦之辞。《周易·离卦》象曰："日月丽乎天，百谷草木丽乎土，重明以丽乎正，乃化成天下。"因此，元大都城正南门取名"丽正门"。明代又进一步引申这种文化内涵，取名"正阳门"。在元大都皇宫中有"大明殿"等。顺承门，为元大都城西南门，与坤卦有关。《周易·坤卦》象曰："至哉坤元，万物资生，

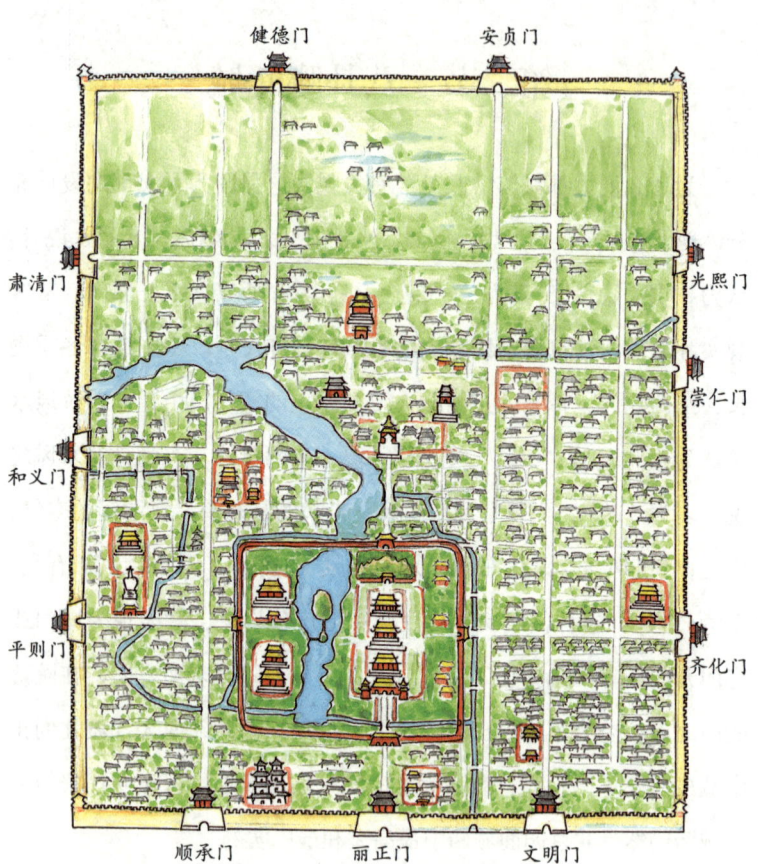

元大都城平面示意图

乃顺承天。坤厚载物，德合无疆。含弘光大，品物咸亨。""西南得朋。"文言曰："坤道其顺乎,承天而时行。"《周易·说卦》说："坤也者，地也，万物皆致养焉。"方位在西南。取名"顺承门"。在元大都皇城内还有"厚载门"等。健德门，元大都城北西门，取《周易·乾卦》："乾者，健也，阳之性也。"另外，乾，"刚健中正"而位在西北面。《周易·坤卦》说："天行健，君子以自强不息。"《周易·乾卦》说："见阳之性健，而其成形之大者为天。""上下皆乾，则阳之纯而健之至也。"取名"健德门"。

同时，元大都城门也传承了金中都的特点，在东城墙上有光熙门（春天），在西城墙上有肃清门（秋天），传承了中华道家崇尚自然的世界观；在东城墙上有崇仁门，在西城墙上有和义门，传承了儒家文化精神。

为什么称哪吒城？是说元大都城具有哪吒的三头六臂和两足。大都城开城门十一座，从城的东面开始数，从北向南依次为光熙门、崇仁门、齐化门，南面从东向西依次为文明门、丽正门、顺承门，西面从南向北依次为平则门、和义门、肃清门，北面从西向东依次为健德门、安贞门。大都城南面开的三个城门，即正中的丽正门、左面的文明门、右面的顺承门，象征着哪吒的三个头；城的东面、西面各有三个城门，即光熙门、崇仁门、齐化门、平则门、和义门、肃清门象征着哪吒的六臂，北面的两个城门，即健德门、安贞门象征着哪吒的两足。还有人进一步补充说，元大都的城市中轴线是哪吒的脊梁；中轴线两侧整齐排列的胡同是哪吒的肋骨，皇城是心脏，海子水域是胃，城内流淌的河流是血管，等等。

北京中轴线

哪吒与大都城示意图

总体来说，元大都城是按照哪吒的身体设计建造的。更有趣的是，元大都是夯筑的土城墙，上面窄，下面宽，一到夏季雨水集中时段，常常会出现暴雨冲刷土城墙的现象。为了防止雨水冲刷城墙，大都城每年都收集芦苇，将其编成防雨席，覆盖在土城墙顶上。在中国古代神话中，哪吒是家喻户晓的神童，他身穿褰衣，手持红缨枪，脚踏风火轮，而大都城一到雨季整座城墙都会披上雨席。这种现象，更让人联想到大都城与哪吒的联系，以至元人张昱在《辇下曲》曾有诗曰:"大都周遭十一门,草苫土筑哪吒城。谶言若以砖石裹,长似天王衣甲兵。"① 大都城周长实测为 28 600 米,均用夯土筑成,每年需用大量芦苇。据历史文献记载,在大都城文明门外,有大片湿地,盛产芦苇,相关部门每年会派人集中收割芦苇,送至大都土城墙上来防御雨水冲刷。终元一代,大都城墙未像明朝城墙那样用砖包砌,始终是夯土筑城墙。

说起元大都的土城墙,其城墙遗址在今德胜门外、安定门外北三环路与北四环路之间,有保存比较完整的土城墙遗址,整个遗存包括土城墙和护城河,护城河现称"小月河"。其中,在安定门外小关东西两侧建成的元大都遗址公园,属朝阳区段;从牡丹园向西的元大都遗址公园,属海淀区段。从学院路到蓟门桥、明光村的土城墙遗址称"西土城"。在西土城靠北的城台上保留有清乾隆皇帝御制碑一处,碑上有乾隆帝御笔"蓟门烟树",被称为燕京八景之一。海淀区段元大都遗址公园全长 4200 米,宽度为 100 米至 160 米,中间土城高坡宽 15 米,总面积 46.8 万平方米,包括北土城西段和西土城,有城垣怀古、蓟门烟树、铁骑雄风、蓟草芬菲、银波得月、紫薇入画、大都建典、水关新意、鞍疆盛世、燕云牧歌等景点。朝阳区段元大都遗址公园全长 4800 米,宽 130 米至 160 米,总面积 67 万平方米,有元城新像、大都鼎盛、龙泽鱼跃三个一级景区,还有双都巡幸、四海宾朋、海棠花溪等六个二级景区。

---

① 杨镰主编:《全元诗》(第四十四册),中华书局 2013 年版。

其中值得考古探幽的是，在花园路东口的"水关新意"景区，可以去探寻元大都土城的水关遗迹。在朝阳区段元大都遗址公园内，有一处景区为"大都盛典"，与海淀段的"大都建典"属于相互呼应的景区建设，展现的是元大都城鼎盛时期的风貌，各种雕塑气势宏大，其中有关元代历史人物的雕像就有19处之多，是研究探寻元大都城址的好去处。东土城北段已经消失，但仍可见西坝河河水流淌，河水向北与小月河相连，是昔日土城前的护城河，在河的西侧应是土城的基址。从和平里火车站货运场的位置上来看，其应是东土城北段基址的一部分。另外，我们在几年前的地图上，仍可看到"东土城路"这个地名。

元大都是当时世界上最繁华的大都市，人口最兴盛时期大约有50万人，到元朝末年统计，人口仍达45万人。今天北京老城北半部分仍然保留元大都城的城市格局，尤其是从长安街向北到北二环路，大部分街巷、胡同的格局都是元大都城遗留下来的。元大都城市格局的特点是前朝后市，皇宫与市井划分清楚；皇宫在城市南半部，主要建筑坐北朝南；集市在皇宫后面，位于今天什刹海与鼓楼大街一带。这样的城市布局，不仅表明城市是政治中心，还表明商业活动是政治统治的基础。据说，刘秉忠在设计大都城时严格按照《周礼·考工记》的要求设计，即"匠人营国，方九里，旁三门，国中九经九纬，经涂九轨。左祖右社，面朝后市，市朝一夫"。例如，在表现"左祖右社"方面，元大都城在城市东面（左面）建有太庙，在城市西面（右面）建有社稷坛，既符合礼制，又实现了城市布局的整齐与对称。同时，元大都城市街道布局规整，街道形如棋盘，横平竖直，方向明确，皆正东、正西、正南、正北走向。大都城内主要大街都对着城门，小街（也称"火巷"，其后来多数逐渐演变成北京特有的"胡同"）多东西走向。在今日北京老城大街两侧还保留很多排列整齐的胡同。其中，历史比较悠久的有砖塔胡同，位置在今西四"丁"字街附近，可以说是北京老城保存下来的最早的胡同之一。例如，元杂剧《张生煮海》中就有这样的台词，张生问丫鬟住在哪里，丫鬟回答："我家住在砖塔胡同。"由此，这句台词已经成为目前研究北京胡同有记述的最早文献。

砖塔胡同东口目前仍可看见一座灰色青砖垒砌的砖塔，名为"万松老人塔"，胡同因塔得名，塔因人得名。此塔为密檐式八角九级，顶部为攒尖式筒瓦，最上是宝珠。这座砖塔是元大都城遗留下来的重要遗迹，也是大都城内的一个标志性建筑。万松老人是指万松行秀禅师（1166—1246），他自称"万松野老"，是金、元时期的著名僧人，终年81岁。

元大都城划分为50坊，街巷整齐划一。全城各种宗教建筑林立，其中，以喇嘛教寺院规模比较大，而且多皇家敕建，直接为皇室服务。例如，元大都城内最著名的喇嘛寺庙是大圣寿万安寺，也就是北京人俗称的"白塔寺"。白塔寺位于西城区阜成门内大街路北，于元世祖忽必烈定国号为"元"的同一年（1271），在当时中都城北面开始修建白塔。白塔由入仕元朝的泥婆罗国（今尼泊尔）建筑师阿尼哥（1245—1306）设计并主持修建,历时8年完成，成为元大都新城修建的一个标志性建筑。在建塔同时，以塔为中心，

砖塔胡同口的标志性建筑——砖塔

又修建了占地16万平方米的大圣寿万安寺。此寺庙当时成为皇家进行宗教活动和文武百官学习礼仪的中心场所。同时,还是蒙古文、汉文佛经翻译、印刷的重要场所。另外,在大都城内还有大宣文弘教寺、大天寿万宁寺、大崇恩福元寺、大承华普庆寺等著名的喇嘛寺庙。

元大都是多民族、多元宗教的都城。其中,宗教有佛教、道教、景教、天主教等。在宗教中,最盛是佛教,这与皇帝重视佛教,特别是喇嘛教有关。元代皇帝即位,要接受喇嘛教国师的认可,并在即位后,需在大都城内修建一座大型的喇嘛教寺院。同样,当朝皇帝敕建的寺院,在皇帝去世后供奉其画像,以示追思,其灵魂又能得到佛祖的保佑。大圣寿万安寺是忽必烈敕建的寺院，忽必烈去世后，寺内建有神御殿，供奉忽必烈画像。

　　元代皇帝尊崇佛教还表现在皇帝对寺院的尊重。传说在修建大都城南城墙西段时，碰到了庆寿寺海云、可庵二师塔，为将二塔环入城内，妥善保护，忽必烈亲自下令"远三十步环而筑之"。由此，二塔得以保存在城墙之内，一直到20世纪50年代，庆寿寺双塔始终是北京城西的一处标志性古建筑，其位置在今西长安街电报大楼南面。

第三节　元大都城中轴线

元大都最值得关注的还是城市中轴线,它是整座城市的脊梁,城市规划的中心。元大都城市中轴线从城南丽正门向北,经千步廊,穿过皇城正门灵星门,过周桥和宫城正门崇天门,再过大明门、大明殿、延春门、延春阁、厚载门、御苑、厚载红门,再过海子桥(万宁桥),直到中心阁。这条南北走向的直线就是元大都城市的中轴线,而且是一条非常明显的城市中轴线,元代宫城的主体建筑都在这条线上。

据现代考古钻探,在今景山北墙外探出一段东西宽18米的南北大街,在景山公园内寿皇殿前探出大型建筑夯土基址,又在景山北麓下,探出南北大街的路土,表明元大都城市的中轴线与今日北京老城的北部中轴线在同一条线上。同时,也表明明代北京城市的中轴线是以元大都城市的中轴线为基准设计和延伸的。

元大都城市的中轴线在都城中轴线设计上既有传承,也有创新。传承,就是继承了汉唐以来中国封建帝王都城规划、营建的传统,在确定城市中轴线时准确地将宫城(大内)坐落在中轴居中的位置,并且以皇宫为中心在中轴线上形成了一系列轻重有序的建筑排列,突出皇权"坐北朝南"和"皇帝至高无上"的理念。创新,主要表现在选定城址时选中了金中都城北面的大片水域,以水确定城市中轴线范围,这片水域完整地被规划在大都城右侧,也就是城市的西半部,更加突出城市的阴阳和谐。这片水域中的

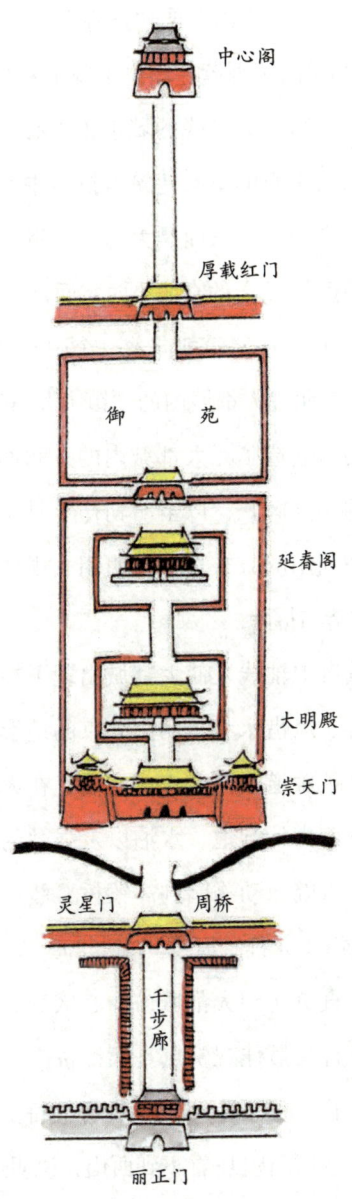

元大都城市中轴线示意图

第二章 元大都城的修建与城市中轴线

琼华岛在元代被称为"万岁山"或"万寿山",水域被称为"太液池"。由此,在大都城的规划营建中,出现了两个中心,一个是以水域东侧的大内(皇宫)为轴线的城市正中心;另一个是以太液池水域中的琼华岛为中心的皇家建筑群拱卫中心。在元大都皇城区域内,以琼华岛为中心,东面是大内(皇帝处理朝政的宫殿),西南面是隆福宫(皇后、太子的宫殿),西北面是兴圣宫(太子学习、皇室活动的场所)。这三组建筑朝向着一个中心,这就是元大都皇城内的万岁山,也是元代大都城内的"镇山"。正因为皇城区域内有了这样一个布局,创造了元大都城内的人间仙境景观,出现了人工美与自然美的相互辉映,以至明朝初年对这一景观和建筑布局基本采取保护和利用的方式,直至明朝大规模营建北京皇城与宫城时才被彻底改造与拆除。

以水来确定城市中轴线还使大都城出现了神来之笔。这神来之笔就是城借风势、风借水势,利用北京的地形地势,形成一条城市通风廊道。这条廊道从西北走向东南。在大都城,西北是上风上水的高地,有着大片湿地、水泊以及强劲的西北风,沿着南长河水系,经过紫竹院、动物园到高粱桥,然后进西水门,由什刹西海、后海、前海(元称"海子")到北海、中海(元称"太液池"),将风与水一直贯通到大都城市中心区域。现在,这条通风廊道不仅还在,而且其最佳观赏点是银锭桥,以至清乾隆皇帝在此有感而发,题写了"银锭观山"。站在银锭桥上西望,能看到西山,说明北京城空气质量优良;看不到西山,说明通风廊道被阻挡。"银锭观山"已经成为北京城市环境质量监测的标杆,我们现代人要保护好这条城市通风廊道。

元大都城中轴线与金中都城中轴线有着明显不同，金中都城中轴线传承了北魏邺城中轴线特点，中轴线南端点在南城门，北端点在北城门，中间是皇宫。元大都城中轴线南端点在丽正门，中间经过皇城、大内（宫城），北端点没有延续到北城门，而是选择在城市中心台。在中心台有高大的建筑，名"齐政楼"[①]。对元大都中轴线北端的布局，元末熊梦祥在其撰述的《析津志辑佚》有确切记述："齐政楼，都城之丽谯也。东，中心阁，大街东去即都府治所。南，海子桥、澄清闸。西，斜街，过凤池坊。北，钟楼。"这里提到的齐政楼不仅是大都城中心的高大建筑，而且修得非常漂亮；在其东侧有中心阁；在其南面是海子桥，即万宁桥；在其西面有斜街，应该是今日的鼓楼斜街；在其北面有钟楼。这样的城市中轴线北端布局与金中都以及之前的都城中轴线完全不相同，传承了北为上、为天的思想，但是其具体建筑已经不是北城门（金中都为"通天门"或"玄天门"），而是高大、独立的建筑——齐政楼（鼓楼），成为人世间与天庭沟通的桥梁，被学者称为"通天塔"。

[①] 齐政楼，取金、木、水、火、土、日、月七政之意。

北京中轴线

从后市看钟楼

第三章 明清北京城与中轴线

第一节　明北京城的特点

如果说元大都城是八卦哪吒城，明清北京城则是一座"龙城"，即明朝兴建北京城时，特别突出帝都的特点，突出皇帝的地位。皇帝在中国封建社会被称为"真龙天子"，于是，在皇城和城市中轴线上安排重要建筑，特别是皇宫建筑时，有意无意地按照龙脊的造型进行建造布局。

有关龙的传说，在中国至少有五千年的历史。中国封建社会发展到明清之际，龙的传说及造型已经非常成熟。20世纪80年代，人们利用航空遥感器从北京上空掠过时惊奇地发现，在北京老城核心区域，并卧着两条龙：一条是金灿灿的金龙；另一条是蓝色的水龙。"金龙"是指北京中轴线上的建筑。这些建筑，尤其在皇城、宫城，屋脊均为金黄色琉璃瓦，在阳光的照射下，呈现出金灿灿的景致，从空中望去，酷似一条金龙。"水龙"指六海的水域，即今日的什刹西海、什刹后海、什刹前海、北海、中海和南海。其中，南海是明朝初年开凿的，与中海一起，被称为"中南海"。这条水系，由北向南伸展开，酷似一条水龙。从空中看到金龙、水龙并卧京城这样的景象，我们更加感觉到古人在城市规划和营建过程中的智慧和北京作为帝都的气魄。历史上，北京曾经是渤海海湾的延伸部分，由此，北京在自然地理中还有一个名称叫"北京湾"。传说，北京湾内的平原地区在远古时是低洼的浅海区，曾经沧海，后来水干了，变成了枯海区，因此有"枯海北京"的传说。

在中国古代神话中，海与龙王有着紧密联系。中国神话认为，东海、南海、西海、北海、中海均有龙王居住，而且是根据五行和五方位的特点、颜色来规范的。其中，五行正中为黄色，东为青色，南为红（赤）色，西为白色，北为黑色。由此，中海为黄龙居住地，东海为青龙居住地，南海为赤龙居住地，西海为白龙居住地，北海为黑龙居住地。北京地区季风气候明显，春旱夏涝等自然灾害突出，春旱时老百姓祈雨，盼望龙王能施法降雨；夏涝时老百姓还要祭祀龙王，希望龙王能把水收一收，不要发大水。由此，北京城内外祭祀龙王的庙堂有很多，多达上百座。

北京西北郊区属于上风上水，龙王庙更显得集中。例如，在门头沟三家店街北有龙王庙，目前保存完整。该庙的特点是紧邻永定河。因永定河河水经常泛滥，人们必然要在这里祭祀龙王。这座龙王庙不仅历史悠久，而且在当时香火旺盛。平地上的龙王庙多在路边或村旁，是老百姓为春旱祈雨而祭祀龙王的场所。例如，在朝阳区洼里乡龙王堂村的龙王庙，就是祈求风调雨顺的场所。这座龙王庙因在国家奥林匹克园区内，如今已经得到修缮和妥善保护、利用。同时，还有一处龙王庙值得一说，这就是位于昌平区白浮泉龙山顶上的"都龙王庙"，号称"都管天下龙王之庙"，为全国重点文物保护单位，明洪武年间修建，是明清时期著名的祈雨场所。都龙王庙坐北朝南，由影壁、山门、钟鼓楼、正殿及东西配殿组成。

说北京城与龙有关，最主要的原因是北京城是帝都，是皇上居住的地方。皇上被称为"真龙天子"，于是，描述皇帝的表情往

北京中轴线

从空中看北京城的"六海"水系

北京市昌平区白浮泉都龙王庙

往就出现"龙颜大怒"或"龙颜大悦";皇帝穿的衣服就成了"龙袍";皇帝的坐椅就是"龙椅";皇帝居住的宫殿就成了"龙宫";就连皇帝出生的府邸也成为"潜龙府",皇帝死后的陵墓也成了"龙穴"等。有专家曾感慨说,中国的文化就是龙文化,北京城就是一座龙城,紫禁城就是一座龙窝。

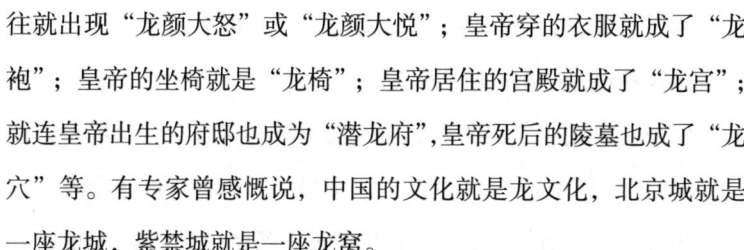

说北京城是"龙城",还因为明清以来人们不断地把北京城与龙的造型附会。首先,北京城坐北朝南,皇帝坐北朝南,由此,北京的龙也头朝南,身现北,龙头为正阳门,正阳门瓮城内两座对称的观音庙、关帝庙是龙眼,而龙的鼻子则是从正阳门箭楼一直伸向天桥。天桥下面向东是东龙须沟,向西是西龙须沟,甚至还有人讨论龙须是从鼻子的下面左右生长,还是从鼻孔里生长出来的。两条龙须沟现在已经成为北京城南的历史,若要寻其踪迹,在天坛北门外的金鱼池小区内还有一小块龙须沟遗迹。

传说,北京中轴线上的皇宫建筑也有讲究,一层接一层的宫殿组成龙脊,紫禁城的四座角楼是龙爪,龙尾则从景山甩向地安门。北京城的水龙是南海、中海、北海、什刹前海、什刹后海和什刹西海。其中,龙头是南海,龙尾是什刹西海。从什刹海东侧伸出的万宁桥,从后海西面伸出的德胜桥,是两个龙爪等。为突出龙的标志,清朝还在西苑(今北海公园)北岸和紫禁城内各修建了精美的九龙壁;在紫禁城雨花阁屋脊上,铸造了四条活灵活现的飞龙。据说,在北京雨季,当有乌云和闪电的时候,人们观看雨花阁上的飞龙就更有欲飞之感。由此人们说,参观故宫,不一定选在艳阳高照的时候,晴天时故宫的龙是静态的,雨天逛故宫则别有一番景致,大雨如注时可以看到丹陛上的龙口吐水,电闪雷鸣时可以看到屋脊上的金龙腾飞。

位于紫禁城慈宁宫北面的雨花阁,是一座藏传佛教的密宗佛堂,建筑造型奇特。阁为三层,呈宝塔形,塔顶为四条垂脊,各有一条金龙,造型活灵活现,在紫禁城建筑中,非常突出和醒目。雨花阁建筑保存完好,阁内殿堂佛像及喇嘛教文物不仅保存完好,而且保持清朝乾隆年间样式。

紫禁城雨花阁顶上的飞龙

中国共有三座著名的九龙壁——北京有两座,山西大同有一座。北京的两座九龙壁,一座位于皇城西苑(今北海公园)北岸,另一座位于故宫东路、皇极殿前。这两座九龙壁均为清乾隆年间修建。西苑九龙壁建于乾隆二十一年(1756),皇极殿前九龙壁为乾隆三十七年(1772)改建宁寿宫时烧造。西苑九龙壁为双面九龙壁,是一座独立的建筑;故宫内九龙壁为皇极殿前影壁,是单面九龙壁。两座九龙壁均是用特制琉璃瓦拼砌而成。

故宫皇极殿前九龙壁

第二节 明北京城的修建

明北京城是在元大都城的基础上修建的,主要修建了四次。

第一次是洪武元年(1368)八月二日,明征虏大将军徐达攻陷元大都城东面的齐化门(今朝阳门),占据大都城,命指挥华云龙"经理故元都,新筑城垣,北取径直,东西长一千八百九十丈"[1]。这次筑城墙,是为了防止蒙古部族的反击。因为在明军破城前,元顺帝已于五天前开健德门,走居庸关,逃往蒙古。为防止蒙古部族反扑,明军将士及京城百姓迅速在大都北城墙向南约五里地筑起一道新的城墙,仍开两门,左面命名为"安定门",右面命名为"德胜门"。这道新的城墙就是明北京内城的北城墙,其位置在今日的北二环路。在新筑北城墙的同时,又对与北城墙衔接的东、西、南三面土城墙加砖垒固。由此,拉开了明朝初年修建北京城的序幕。

第二次是永乐四年(1406)到十七年(1419),明朝计划迁都北京,开始大规模修筑北京城。其中,永乐十七年(1419)十一月甲子,"拓北京南城,计二千七百余丈"[2]。之前,元大都南城墙在今长安街一线,因新修建的皇城、宫城均向南移,还要将五府六部的衙署摆在皇城前面,城南空间就显得狭小了,不符合大都市的气魄和发展要求。为此,朝廷决定将元大都南城墙向南拓展,旧有的土城墙拆除,新筑的南城墙到达今日崇文门、前门、宣武门一线,

---

[1] 《明太祖实录》卷三十四。
[2] 《明太祖实录》卷二百十八。

简称"前三门"。由此,东、西城墙也同时向南延长(现存的西便门地区残城墙就是这一时期修建的)。修建后的北京城的城门名称做了调整,新拓展的南城墙城门仍依原城门名称,正中为丽正门,左为文明门,右为顺承门;东城墙北面的崇仁门和西城墙北面的和义门,因瓮城为直角,改称东直门和西直门,其余城门名称未变。

第三次是正统元年(1436)至十年(1445),加固了城墙,修建了各城门楼。如正统元年(1436)十月辛卯,"命太监阮安、都督同知沈清、少保工部尚书吴中,率军夫数万人修建京师九门城楼"①。正统三年(1438)正月辛亥,"拨五军、神机等营官军一万四千修葺京师朝阳等门城楼"②。正统四年(1439)四月丙午,"修造京师门楼、城濠、桥闸完。正阳门正楼一,月城中左右楼各一;崇文、宣武、朝阳、阜成、东直、西直、安定、德胜八门各正楼一,月城楼一。各门外立牌楼,城四隅立角楼,又深其濠,两涯悉甃以砖石。九门旧有木桥,今悉撤之,易以石。两桥之间各有水闸。濠水自城西北隅,环城而东,历九桥九闸,从城东南隅流出大通桥而去。自正统二年正月兴工,至是始毕,焕然金汤巩固,足以耸万国之瞻矣"③。从上述文献中我们得知这样一些信息:

一是继永乐年间改东直门、西直门名称后,正统四年(1439)又将南城垣的丽正门、文明门、顺承门分别改为正阳门、崇文门、宣武门;将东城垣的齐化门改为朝阳门,将西城垣的平则门改为阜

---

① 《明英宗实录》卷二十三。
② 《明英宗实录》卷三十八。
③ 《明英宗实录》卷五十四。

成门。由此，北京内城九门名称在明正统年间得以最后确定下来。

二是建角楼。在古代城墙上建角楼是城市防御的重要组成部分，金中都、元大都都有过建角楼的记载。明北京城内城角楼与外城、宫城（紫禁城）角楼均不相同。外城角楼简陋，宫城角楼富丽，而内城角楼的特点是雄伟。内城角楼与瓮城前的箭楼一样，是具有防御功能的建筑。

三是用砖包砌城墙。元大都曾议过用砖包砌城墙，但终元一代未能实现。有人认为，这是蒙古游牧民族的传统，他们喜欢土城墙。而明代陆续用砖包砌城墙，目的是加固城墙，增强防御能力。明正统年间（1436—1449），包砌城墙不仅规模大，而且是城墙里外包砌，统一用大城砖。

四是在护城河上撤吊桥改建石桥。元大都护城河上是吊桥，为木制。明代初期沿用，这次修建改为固定的大石桥建筑，不仅使城与河在建筑上有了更加紧密的结合，也使城池为一体，防御更为坚固。其一是完善护城河水系，明北京的护城河不仅河面宽、河水深，还能清楚地知道河水的来源和流向。其二是建牌楼，各城门前均为三开间牌楼，正阳门因为是南城墙正中的城门，由此护城河上石桥为并排三座，牌楼为五开间，是内城九门前最大的牌楼，名"正阳桥"牌楼，俗称"五牌楼"。

可以说，明正统年间北京城墙城门的改造，不仅使北京内城城墙城门建筑达到尽善尽美，城防也固若金汤。同时，城门的命名也注意了文化传承，最早命名的是内城北面的两座城门。其中，德胜门表示大明王朝是以德治天下，以武德战胜元朝的统治，宣

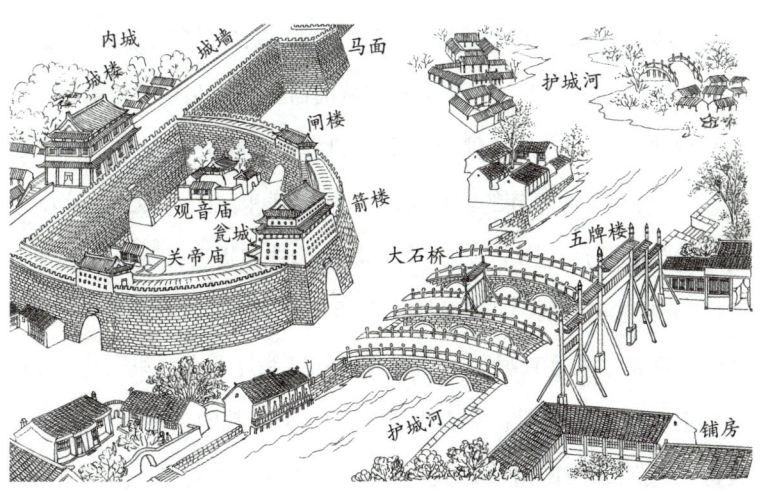

正阳门"四门三桥五牌楼"示意图

扬的是明朝将士的威武和胜利;安定门宣扬天下安定,是太平盛世的象征。随后命名的正阳门则表示圣主当阳,日至中天,皇帝所在,万国瞻仰;崇文门表示尊崇文教;宣武门表示弘扬武烈;朝阳门表示日出东方,欢迎八方来客;阜成门表示物阜民安;东直门、西直门表示东至大海,西至大漠,民兴教化,均是国土。

到明嘉靖年间,北京又增加了外城。外城修建有两个原因:一是自古以来,讲究有城必有郭,即在城的外围再套建一圈城墙,称"外罗城",古人云:"三里之城,七里之郭。"是说郭大于城,并拱卫于城。明朝初年,朱元璋在南京城建都时,就建有很大的外郭城。据《明史》记载,"其外郭,洪武二十三年(1390)四月建,周一百八十里,门十有六"①。同时,我们还了解到,南京城的外郭

---

① 《明史·地理志》。

是土城墙。《明史》记载："太祖肇建南京，京城外复筑土城以卫居民，诚万世之业。"① 二是防卫北京城的需要。明北京城定都后，西北的游牧民族一直没有停止南下，到嘉靖年间又发生了"庚戌之变"②。当时蒙古部族的骑兵突破古北口，直接袭扰了北京城郊，对北京城造成很大威胁。于是，外郭城的修建被提上日程。

"庚戌之变"后，兵部尚书聂豹等提出了修建外城的具体方案。这个方案是"相度京城外，四周宜筑外城约计七十余里"③。南面十八里，北面十八里，东西两面各十七里。其中，北面可利用元大都土城墙，西南可利用辽金故城土城墙。如果这一方案实现，北京城将成为"回"字形。

明嘉靖三十二年（1553）闰三月十九日，开始动工修筑外城。按预定方案，先修南面，然后修东面，再修北面和西面。到四月，嘉靖皇帝谕令大学士严嵩，城墙下面只用夯土，上面用砖石，恐不能长久，应该一律用砖石包砌。这道命令使外城墙比原来设计的方案更加坚固，但同时出现了工程量增加，尤其用砖量加大，无法按期完工等问题。于是，嘉靖皇帝又下谕令，先筑南城，完工后再量情决定。到年底，外城南部筑成，国库吃紧，工程只好暂告一段落。由此，北京内城和外城组合成"凸"字形，也被老百姓称为"帽子城"，内城为人的头部，外城像人头顶上戴的帽子。

---

① 《明史·蒋琬传》。
② 明嘉靖二十九年（1550），蒙古右翼土默特部首领俺答汗率军南下，由古北口直逼北京城下。这次蒙古部落的入侵，引起京城朝野震动，史称"庚戌之变"。
③ 《明世宗实录》卷三百九十六。

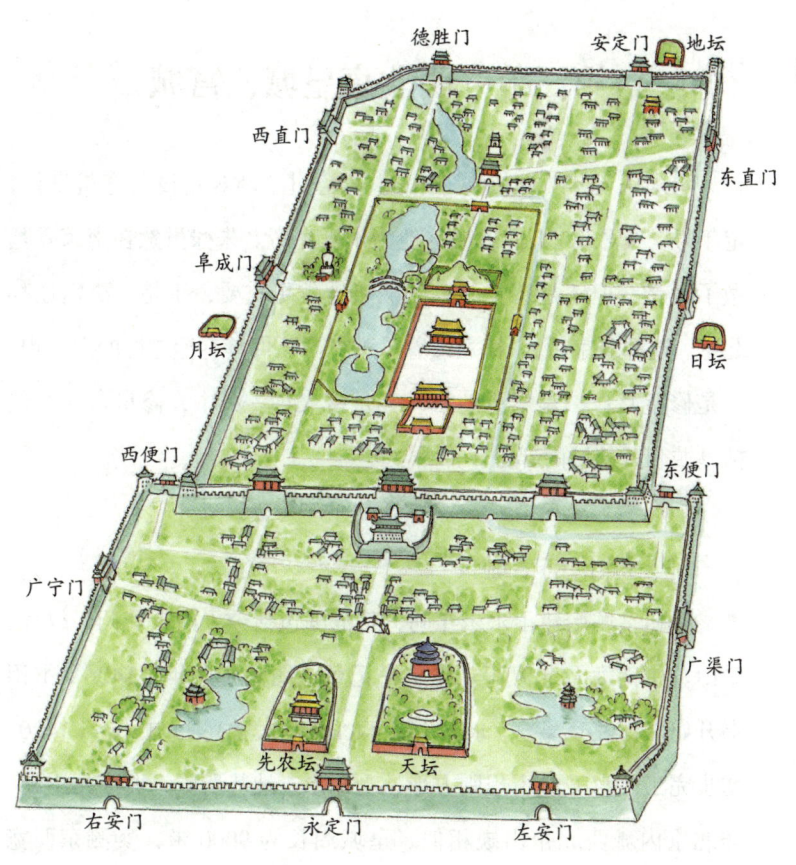

明北京城示意图

第三节　明北京皇城、宫城

明永乐元年（1403），燕王朱棣通过"靖难之役"夺得皇权，定年号"永乐"，人们习惯称他为永乐皇帝。朱棣虽然在南京登基做了皇帝，但还是感觉北京的战略地位更重要，于是，决定迁都北京。迁都北京后，朱棣立即着手进行了几件具有标志性的大工程：一是修皇宫；二是修天地坛；三是铸大钟。其中，修皇宫主要包括皇城和紫禁城两部分。

一、明北京皇城

明朝皇城始建于永乐年间，其范围包括今天的天安门、故宫、景山、中南海及北海等。据史书记载，明永乐四年（1406）下诏书开始修建北京皇宫。永乐十五年（1417）大举兴工，十八年（1420）初步完工。皇城呈不规则方形，受地形、地势所限，西南角出缺，与北京内城西北角出缺相似。皇城周长为9000米，实测东西宽为2500米，南北长2750米，呈不规则方形。① 城墙用大城砖垒砌，涂朱红色，顶部用黄琉璃瓦覆盖，一看就知道是皇家禁地，比元大都皇城的萧蔷（俗称"红门阑马墙"）要气派、坚固许多。

北京皇城有几座门？这本来不是什么问题，但因北京史研究工作者的看法不同，就产生了四门说、六门说、七门说、八门说。

---

① 陈文良主编：《北京传统文化便览》，北京燕山出版社1992年版，第208页。

四门是指天安门（明称承天门）、地安门（明称北安门）、东安门和西安门。六门是指大明门（清称大清门，民国后称中华门）、长安左门、长安右门、东安门、西安门和地安门。七门是指大明门、长安左门、长安右门、东安门、西安门、天安门和地安门。八门是指大明门、长安左门、长安右门、天安门、端门、东安门、西安门和地安门。由此，大明门是皇城正门，还是天安门是皇城正门，各种文献资料表述也不一样。

其实，这个问题只要了解皇城城门和天安门修建历史的人就能弄清楚。《大明会典》介绍皇城门为六门，即"皇城起大明门，长安左、右门，历东安、西安、北安三门，周围三千二百二十五丈九尺四寸"[①]。可见明朝初年认定皇城的门，还是以皇城墙外围墙开门来认定的，其中没有提到天安门，自然也提不到端门，天安门也不是皇城的正门，而是皇城内的建筑。从皇城坐北朝南的格局来看，大明门是明朝初年的正门无疑。天安门修建的历史也印证了这种观点。天安门最初称"承天门"，是仿照应天，即南京的承天门建造的。其本身还是一种象征性建筑，表现新生的皇权是"承天启运"和"受命于天"，在建筑形式上是一座"黄瓦飞檐的牌楼"。这座牌楼为木制，五开间，三层楼式。在牌楼正中匾额上书写"承天之门"四个大字。这种形式后来发生了变化。明天顺元年（1457），也就是明英宗朱祁镇复辟的那一年，承天门遭遇火灾，牌楼式建筑被烧毁。当时人们认为这是上天的警告，

---

① 《大明会典》卷一百八十七。

牌楼没有再修复。到明宪宗成化元年（1465），新皇帝登基，委派工部尚书白圭主持重建承天门。重修承天门时建筑样式做了改动，既为防火需要，也为有新的气象，突出皇权的庄严与神圣，扩大了承天门的建筑规模。新建筑下面是高大的城台，上面是楼阁，就是我们今天看到的样式。因新建的承天门是城楼式，与皇城墙相连接，不仅使皇城更为严密，城内又多了一座名副其实的城门。再者，由于其坐北朝南，在中轴线上，显得更加突出和重要，使人感觉它应该是皇城的大门。

承天门真正取代大明门，成为皇城正门是在清朝初年。明崇祯十七年（1644），李自成率大顺军进北京城时，曾向承天门射了一箭，说明当时承天门还未被毁，但之后承天门遭毁坏。据史料描述，清顺治皇帝进北京城时，看到的承天门只剩下光秃秃的城基和五个门洞，台基上的大殿已焚毁。清顺治八年（1651），清世祖福临下诏重修承天门，竣工后改承天门为天安门，同时将皇城后门——北安门改为地安门，表明大清王朝祈盼天下安定。由此，天安门完全具备了皇城正门的地位和作用，随着天安门地位的上升，大明门在改为大清门后，与长安左门、长安右门一起，成为天安门前的罩门。这种变化在清乾隆朝编纂的《大清会典》中就体现了出来。该书是这样描述的："正阳门之内为大清门，三阙，上为飞檐崇脊。门前地正方，绕以石阑，左右石狮各一，下马石碑各一。门之内千步廊，东西向，各百有十间，又折而北向，各三十四间，皆联檐通脊，东接长安左门，西接长安右门，门各三阙，东西向。两门之中，南向者,天安门,为皇城正门。"①根据这一变化,到清嘉庆朝编纂的《大清会典》就更明确"皇城,其门七",七门自然是增加了天安门。

说皇城四门,是在清朝改承天门为天安门以后的提法。清乾隆七年(1742)编修的《国朝宫室》这样记载,皇城"有天安、地安、东安、西安四门"。这种说法显然与明朝的不一样,是在维护顺治年间改承天门为天安门,改北安门为地安门的思想和初衷,更加明确突出了"内和外安"的建筑布局。

二、明北京宫城

明北京宫城就是紫禁城。为何叫"紫禁城"?这是因为天上有紫薇星垣,紫薇垣在古人眼中是永恒不动的,而且位居天体正中,由众星环拱。由此,地上的皇宫也应该是永恒不动的,也应该在城市中轴线上,居城市正中,形成各种建筑环拱的局面。唐朝诗人王维有诗云:"芙蓉阙下会千官,紫禁朱樱出上阑。"天上的叫"紫薇垣",地上的叫"紫禁城",垣与城是同义词,一脉相承。紫禁城更加突出地表明其是皇家独有的红墙禁地。

明朝不仅仿照历代形制,修建了皇城墙,还修建了非常坚固的宫城城池。宫城就是紫禁城,宫城墙是用磨砖对缝的特制城砖垒砌而成,这与元大都皇宫也不一样。宫城池为非常整齐的护城河,俗称"筒子河",表明河道直来直去,四处视野开阔,安全透明;河面宽52米,防护极为严密。紫禁城开四门,正门为午门,后门

---

① 乾隆朝《钦定大清会典》卷七十。

为玄武门（清初改称"神武门"），东门为东华门，西门为西华门。这种城门命名也是对传统文化的继承。古人认为方位非常重要，东、西、南、北、中或者说前、后、左、右、中，不仅要明确方位，而且要赋予明确的定位和丰富的文化内涵。

首先，古人认为，东、西、南、北有四灵，这四灵分别是青龙、白虎、朱雀和玄武——天之四灵，以正四方。按照一年四季自然生态演变的现象，又分别赋予固定的颜色和神灵名称，即东方代表春天，神灵为青龙；南方代表夏天，神灵为朱雀；西方代表秋天，神灵为白虎；北方代表冬天，神灵为玄武。有关专家在探索这一文化现象时认为，这种方位与神灵的确定，与人类早期对动物的崇拜有关。

其次，方位的确定与古人对天象的认知有关。古人在观测天象时，将赤道附近的星空划分为二十八个大小不等的区域，每一区域称为"一宿"或"一舍"。所谓"宿"或"舍"，都是停留的意思，是指日、月、五星（金星、木星、水星、火星和土星）在划分的星空中停留的过程，也可以说是古人用来度量日、月、五星运动的星空区域。二十八宿又被古人划分为东、南、西、北四个方位，每个方位有七宿。其中，东方七宿为龙形，南方七宿为鸟形，西方七宿为虎形，北方七宿为龟与蛇形。这在《西游记》中有具体描述，二十八宿被称为天兵天将，根据其头形上的动物造型就可以知道其归属是哪个方位的神灵。将天上二十八宿与地上不同区域相对应，被古人称为"分野"，所谓"天地分野"就是将天空中的二十八宿与中原大地上的区域相对应。

北京紫禁城的午门、神武门、文华殿、武英殿就是根据这一思想布局的。首先，午门的文化内涵十分丰富，根据其造型，俗称"雁翅楼""五凤楼"，在方位上又被称为"朱雀门"，与紫禁城后门神武门（明朝称"玄武门"）相互呼应，符合《礼记·曲礼上》所云："行，前朱鸟而后玄武，左青龙而右白虎。"这里的"朱鸟"与"朱雀"是相同的。午门象征朱雀，与鸟形有关。按五行之说，南方属于火，火为红色，而坐北朝南的皇城、宫殿多为红色墙身，与朱鸟颜色相符合。由此可见，在很早的时候，统治阶级就非常重视皇宫的南门，天宫称"南天门"，将朱鸟与宫殿建筑在造型上融会贯通。例如，在司马迁的《史记》中就有皇宫中的南宫为朱鸟的记载。以后，历代皇宫中南面的大门或大殿以朱鸟或朱雀命名成为一种传统。其次，文华殿代表青龙，武英殿代表白虎。

统率四方神灵的是谁？在中国神话故事中，统率天上诸神的是玉皇大帝，而统率人间四个方位的只能是皇帝，因为皇帝是天子。由此，在东、西、南、北四方神灵确定后，中间的位置就是皇帝，亦称"天子"。

三、北京皇城及宫城的修建者

是谁修建了明北京城？人们常常提出这样的问题，特别是一些西方游客，总是希望知道是谁修建的北京故宫，是谁修建了北京老城。修建北京城的传说比较多，材料丰富，这不仅是北京的非物质文化遗产，还是北京城市的史诗，值得重视。传说是刘伯温设计了具有神秘色彩的北京城，这实际上是老百姓的口头传说，关于刘伯温建北京城，史书上并没有确切记载。从刘伯温在明朝初年的生活时间和其活动区域来看，他与修建北京城联系不上。但是，老百姓总是希望把一切智慧都集中在一个人身上，并把这个人通过口头传说进行神化。事实上，修建北京城是一个漫长的过程，北京城留下的众多辉煌建筑，是直接参与设计建造北京城的人们，特别是那些能工巧匠的辛勤劳动和杰出智慧的结晶，是他们才使北京城的布局和建筑充满魅力。

东方建筑与西方建筑有很大不同。西方建筑的设计者会与建筑同时流传下来。而在中国封建社会，皇权至高无上，统治者往往是时代和建筑的符号（例如皇帝的年号），而劳动者（包括脑力劳动者和体力劳动者）往往被忽略。特别是大型建筑，往往需要群体劳动、集体智慧，个人才智很容易被湮没。在明北京城的修建过程中，特别是在紫禁城皇宫的修建中，这种现象比较典型。但是，通过历史的蛛丝马迹，我们还是可以窥见劳动者的作用。例如，明朝永乐年间，为了大规模营建北京皇宫，从江南征调了大批工匠，正是这样一批擅长中国传统建筑的能工巧匠，建筑了壮丽的北京城和辉煌灿烂的皇宫。这些设计专家和能工巧匠有阮安、蔡信、杨青、陆祥、蒯祥、徐杲、冯巧等。

阮安（1381—1453），明朝宦官，积极主张并参与修建北京城，特别是皇宫建筑。阮安为人聪颖，熟悉帝王都城建筑规制和工程规划，负责监督紫禁城三大殿修建及北京城池规划建设。阮安对宫殿修建能"目量意营，悉中规制"①。

---

① 《明史·阮安传》。

蔡信，生卒年不详，明朝永乐年间修建紫禁城的总工程师，负责工程指挥、调度等。他因营建皇城有功，紫禁城落成后晋升为工部右侍郎。

杨青，生卒年不详，瓦匠出身，明永乐年间参与紫禁城的建造施工，负责工程调配，为督工。由于他的精心设计，工程选材用料等恰到好处，从未出现停工待料状况，紫禁城落成后晋升为工部左侍郎。

陆祥，生卒年不详，明朝初年有名的能工巧匠，擅长石雕技能，参与紫禁城宫殿的汉白玉雕刻工作。据有关史料记载，陆祥亲自参与雕刻的有三大殿丹陛中的螭首、钦安殿四周的汉白玉勾栏等。陆祥历事五朝，至带衔太仆少卿，累加工部侍郎。

蒯祥（1398—1481），苏州人，木工世家。明永乐初年，他与父亲一起被征调到北京修建皇宫。蒯祥精通木工，擅长土木施工。据说，他能双手同时握笔，绘制出的双龙一模一样；在建造宫殿楼阁时，他只需略加计算，便能绘出图纸，与施工结果相差无几；永乐十八年（1420）皇宫落成时，他因业绩突出被提升为工部营缮所丞。在明正统年间重修紫禁城三大殿时，"凡殿阁楼榭，以至回廊曲宇，随手图之，无不称上意者"[①]，之后蒯祥被提升为工部右侍郎。北京原有一条胡同叫"蒯侍郎胡同"，据说就是蒯祥住过的地方。明英宗于天顺八年（1464）正月驾崩，二月蒯祥与陆祥负责其皇陵修建设计。因蒯祥曾参与长陵、献陵和景陵的修建设计，

---

① ［明］皇甫录《皇明纪略》。

再加上管理、调配人员得当，仅用了两个月时间就将地下陵寝修建完成。又用两个月时间将地上陵墓建筑建造完成，陵墓名为裕陵。蒯祥待人谦和，作风简朴，工艺精湛，受人尊重。明宪宗称其为"蒯鲁班"。他晚年主动辞官隐退，终年84岁。

徐杲（1522—1565），明嘉靖年间著名的工程设计师。嘉靖三十六年（1557）四月，奉天、华盖、谨身等三殿及奉天门遭火灾，四十一年（1562）重修后竣工，徐杲负责主持修复紫禁城三大殿工程，亦曾多次参与皇宫大型建筑修缮等工作。

冯巧，生卒年不详，明万历至崇祯年间著名工匠，擅长制作大型建筑工程的模型，并传授模型技术，用模型指导工匠施工。同时，冯巧尽心培养徒弟，清朝初年修建北京皇宫的著名匠师梁九曾师从冯巧。

第四节 明北京城中轴线

明北京城市中轴线像一把标尺,纵标在北京城市正中间,中轴线上的建筑,一座接着一座,不偏不倚,坐北朝南,雄踞中轴线上。

有一种说法认为,明北京城市中轴线的设计是根据太阳的子午线而确定的。什么是子午线?子午线即经线,对于本初子午线,《现代汉语词典》(第7版)这样解释:"0°经线,是计算东西经度的起点。1884年国际会议决定用通过英国格林尼治(Greenwich)天文台子午仪中心的经线为本初子午线。1957年后,格林尼治天文台迁移台址。1968年,国际上以国际协议原点(CIO)作为地极原点,经度起点实际上不变。"

而中国古代社会使用子午线的历史不仅悠久,而且有着深刻的文化内涵,只是那时还没有知识产权这个概念。例如,在清康熙年间,曾经绘制了《皇舆全览图》,在进行测量时,标准的经线就是以明代确定的北京城市中轴线为依据。该图所标出的山西太原等城市,以及山地、区域等名称均是以北京城市中轴线为依据。

"子午线"是中文的表述词句,"子"在中国古代天干地支中是地支的第一位,在对应的十二生肖中属"鼠";"午"在古代天干地支中是地支的第七位,在对应的十二生肖中属"马"。中国古代社会在表现子午线时,除了日晷,长距离的南北直线一般用"鼠"和"马"来表示。据北京老人回忆,1950年在清挖什刹海疏通河道时,在后门桥下的淤泥中挖出一根方体石桩子,石桩子长约一丈,宽有七八寸见方，上面镌刻着一只老鼠。

据说，这根石桩子是明永乐年间修建北京城时奠基用的，因为在老鼠下面有用楷书字体刻着"北京"，而"北京"一名的出现是在明永乐元年（1403）。作为子午线，有了北端，那南端在哪儿？南端应该用马来表示，有传说在午门下面，有传说在正阳门（前门）瓮城内，还有传说在天桥下面，到底在哪儿呢？有待考古工作者的进一步挖掘。但是，既有标志"子"端（北）的石桩子，也必然会有标志"午"端（南）的石桩子，或者说"午门"本身就含有"午"字，就是标志。

在北京皇宫午门和太和殿前面有日晷和嘉量。日晷是用汉白玉雕刻成平面光滑的圆形，在圆形的中心点放置与圆盘垂直的铁质指针。日晷放在皇宫主要建筑前面，既有观测时辰的作用，又是封建皇权统治人世间的象征。我们生命、生活的时间计量是根据天体运转而产生的，地球自转以及围绕太阳公转一周为360°，每15°为一个节气，总计二十四节气；地球自转以及围绕太阳公转一周为360天，每30天为1个月，总计12个月等。这些对时间的计算是通过《授时历》来颁布的，而《授时历》被看作天的意志，是由皇权掌握。由此，自然的时光被蒙上神秘的色彩，成为皇权统治的象征。

日晷是古人通过观测太阳影子确定白天时刻的一种简单仪器。"晷"字由"日""处""口"三部分组成，原意就是太阳光照射物体的阴影，由此被古人称为"光阴""时间"；由于日晷可以比较准确地确定白天正午时刻，表示南北正确方位，因此受到中国封

第三章 明清北京城与中轴线

午门前日晷

午门前嘉量

建皇权的重视，成为皇宫大殿前面的装饰物。

我们要关注日晷通过太阳光照指针影子留下的时间刻度，特别是子午这个时刻。子午时刻是上午11时至13时，午时三刻是阳气最足的时间，也就是11时45分到12时，日晷上的指针投影正好与圆形日晷上下垂直。这条垂直的投影，就是太阳照射在地球上的一段子午线。中国古代的先民很早就注意到这条子午线，并用其来观测物体、建筑以及建筑群体的规划。

有一种说法认为北京皇宫及城市中轴线就是依据太阳的子午线而设计的。通过古人的精确计算，即根据天体的运转，以子午时刻形成的子午线，特别是冬至太阳影子最长的子午时刻来确定皇宫主体建筑的中轴线位置，保证在冬至的时候太阳的光线能准确射入坐北朝南房屋或正殿的正门。由此可以说，北京城市中轴线是北京古代先民智慧的结晶，国内外一些规划建筑专家也赞誉北京中轴线是"人类智慧的轴线"。

明代北京城市中轴线在建设和布局上的创新集中表现在六个方面：一是继续强化城市坐北朝南，特别是圣主当阳，中轴线上主体建筑面对着太阳，突出皇帝面南而王的都市特点。二是城市以元大都城宫城为基点继续向南扩展，主要因素是明朝修建紫禁城比当时南京的宫城规制更高，更加壮丽，整个皇城向南拓展，带动城市向南拓展，一直到嘉靖年间，将中轴线延伸到外城正中的永定门，使进入皇城的居中道路拉得更长，中轴线呈现的内容更加丰富、更加细腻。三是将皇城、紫禁城的位置准确地布局在中轴线正中间，使皇帝"唯我独尊""皇权至上"的思想得到充分体现。四是巧妙地安排了"镇山",利用修筑紫禁城挖护城河,即我们俗称的"筒子河"的泥土和拆除元代大内(宫城)宫殿的渣土,在紫禁城后面堆积成万岁山(今景山),不仅使新建的宫殿群有了倚山,又增加了中轴线上的制高点。五是将左祖(太庙)右社(社稷坛)对称地安排在皇城内、紫禁城前面,再次昭示"左右对称、中轴明显"的皇城格局。元代的左祖右社被安排在城的东西两侧,而明代则将左祖右社两个皇家祭祀场所紧密安排在紫禁城前面、端门两侧,更加突出了中轴线的"国之轴"感觉。六是将中轴线的末端结束在高大的鼓楼、钟楼,巩固了元大都对中轴线北段的创新处理,同时又强化了天人合一的崇高境地。

这些创新和发展使北京老城7.8公里中轴线基本定型,内容更加丰富,设计达到中国古代都市的高峰,将几千年来人们对古代帝王都城的设计、文化、智慧、想象都浓缩在这条中轴线上,使北京中轴线成为中华文明的精神标识以及中华文明源远流长的伟大见证。

在上述创新中,通过"挖湖堆山"的手法修建万岁山(今景山)最为精彩,因为万岁山展现了博大精深的中国传统文化。

首先,万岁山与中国传统文化"五行"有关,万岁山位于北京老城的中心,坐落在城市南北中轴线的中心点,是一座名副其实的土山。在五行中,东为木,南为火,西为金,北为水,正中是土。作为镇山,万岁山与元大都的镇山(琼华岛)已经不是同一座山,明代的万岁山进一步突出了保佑皇权和江山社稷的理念。据有关文献记载,景山在辽代以前是永定河故道留下的一个小土丘,最早的名称是"青山"。到金代,修建大宁宫时仍保留土山丘。元代营建大都城时,这里是皇宫中后寝主体建筑群和花园,山上修建有亭阁,山前向阳地方建有后宫大殿——延春阁,是元代皇帝大宴群臣的重要活动场所之一。在山后广植树木,为皇宫的"后苑"。明代迁都北京,于永乐年间重修皇宫,将拆除元代皇宫的渣土和新挖宫城护城河的泥土堆积在山上,形成了北京旧城中规模相当大的一座土山,既起到"压胜"前朝的作用,又使新营建的紫禁城有了靠山。由此,这座万岁山只是一种象征性景观,比起琼华岛,内涵丰富了很多。另外,中国古代风水学认为,苍龙、白虎、朱雀、玄武为天之四灵,以正四方,紫禁城的布局就是按这一学说规划设计的,在紫禁城北门外有一座山,视为玄武。这座山不仅使紫禁城有了靠山,而且还形成了山水环抱的境界,也就是人们传说的"前有照,后有靠,玄武怀中抱"的宫城格局。"照"为紫禁城前面流淌的金水河,"靠"为万岁山,玄武是由万岁山和内金水河组成的龟蛇化身,怀抱着前朝后寝的宫殿。这样的风水格局正是朱棣迁都北京的皇城所追求的理想布局。由此,每到重阳节,皇帝都要亲自登到山顶,远眺皇宫、京城,祈求消灾去祸,江山永固。但是,风水就是风水,关键是主宰江山社稷的人,人若不行,风水轮流转,结果非常不幸的是,万岁山并没有保障大明江山万岁,也没能让明朝皇帝万岁。最具讽刺意味的是,明朝最后一位皇帝——崇祯皇帝朱由检吊死在万岁山上,同时也失去了大明江山。

第五节　清北京城中轴线

　　1644年，是北京城历史急剧变化的一年。这一年，在北京城的政治舞台上出现了三个年号——明崇祯十七年，李自成领导的农民起义军的大顺元年，以及清顺治元年。这三个年号代表三股力量，在北京展开了激烈的争夺战，展现了一幅"城头变幻大王旗"的历史画卷。先是李自成打进北京，接管了北京城。一个半月后，李自成又被迫退出北京城，而且在临走之际，放火焚烧了紫禁城的部分宫殿和城楼，等到清顺治皇帝入主北京城时，看到的已经是北京城残破之景象，尤其是皇城和皇宫，损坏严重。但是，北京城市格局完整，城市的脊梁，也就是北京城市中轴线神韵仍在。到清顺治二年（1645），清朝开始陆续修缮皇宫建筑时，可以说基本上接受或利用了明北京城市的格局和主要建筑形式。

　　清代在明北京城市中轴线基础上进行了丰富与完善。这种丰富与完善表现在对中轴线进行的精雕细琢，使其更加完美。清代对中轴线的丰富与完善有两个因素：

　　一是经过明朝末年的战争，特别是李自成率领的大顺军撤离北京时对北京城市主要建筑实行了焚毁，位于中轴线上的皇宫建筑，遭到空前破坏。清朝定都北京城后，有全面修缮皇宫、城楼的必要。

　　二是清朝前期皇帝迅速接受汉文化，雄心勃勃地要建立大一统江山，由此非常重视北京帝都的文化建设。例如，清顺治八年

（1651）重新修建了天安门城楼，将"承天之门"改名为"天安之门"，同时将北安门改为地安门。清朝初年还重新修缮了紫禁城三大殿，并将其名称由明朝末年的"皇极殿""中极殿""建极殿"改名为"太和殿""中和殿""保和殿"，实现了"内和外安"的城市文化定位。清乾隆十年（1745），朝廷对因火烧毁的钟楼进行了重建。重建时全部使用石材，从此中轴线北端点高大的钟楼解除了火灾危险。清乾隆三十一年（1766），朝廷下令重新修复永定门。这次修复永定门不仅提升了城楼的规制，还增建了箭楼，增加了中轴线南端点的城市景观。

说到北京中轴线南部的景观，要提一下清乾隆年间在天桥南端对称修建的两座御制碑。这两座由汉白玉制作的御制碑均为方柱形，雕刻精美，一左一右放置，左文为《正阳桥疏渠记》，右为《皇都篇·帝都篇》，犹如古代的石阙（尤像"汉阙"）挺立在由永定门进内城的路上，成为清朝对北京中轴线丰富和完善的重要城市景观和地标。

清朝对北京中轴线进行了精心修缮，对北京城中轴线上的建筑几乎全部修缮了一遍，由此，我们现在看到的北京中轴线上的建筑大部分是清代的样式。除了对北京中轴线南端点、北端点、中心点进行了修缮，清代的工匠们同时又有创新和发展，尤其是对景山的修缮是最亮丽的一笔。

清代在北京中轴线上最重要的创新和贡献也展现在景山上。清朝非常重视景山的文化建设，先是改明"万岁山"为"景山"，然后在山前、山顶、山后的空间进行了全方位的规划设计。清代对景山的修建有三处：一是在山前修建绮望楼，里面供奉孔子的画像，由官学生礼奉朝拜。二是在山后调整了明代寿皇殿偏东北的位置，将其准确布局在北京城中轴线上，仿照太庙享殿的规制修建正殿，形成了北京中轴线上仅次于皇宫的第二大宫殿群，用来祭奠、朝奉祖先。三是在山顶上修建的五座山亭式建筑，内供五方佛，藏传佛教称"五方赞"。清代对景山的精雕细琢，重点体现在文化建设上，绮望楼展现的是儒家文化，山顶五方佛展现的是佛教文化，寿皇殿展现的是忠孝文化，属于道家传统。由此，景山在清朝整修后，形成了中华儒、释、道文化的融合汇集，在北京中轴线文化建设上形成一处高地。这再次表明北京中轴线是不同时期历史文化的荟萃，展现着不同历史时期文化建设的主旋律。

景山山峰上五座山亭的整齐对称，不仅增加了中轴线上的宗教景观，还增加了中轴线上的文化内涵。五座山亭式建筑看似是

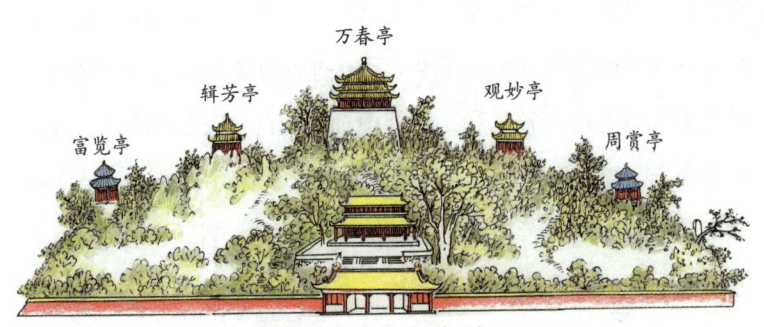

景山五亭示意图

对景山山体的装饰，实质上进一步突出了中轴线的对称和中心点，将中轴线"中心明显、左右对称"的特质推向极致，起到画龙点睛的作用。这种文化内涵至少表现在两个方面：第一个方面是将封建社会中的城市内镇山（保证封建统治江山社稷的万岁山）不断升华。北京在辽、金、元时，作为城市的镇山基本上是在皇宫的西北面，也就是西苑太液池的水中，是通过山水意境，表现人间仙境。明朝移动了镇山（万岁山）的位置，由琼华岛（元大都城的万岁山）转移到新堆砌的万岁山（今景山），第一次把镇山放置在中轴线上，这是大胆的创新和变化。清朝传承了这一文脉，并将其继续完善。这种完善就是第二个方面，使清朝信奉的宗教与镇山巧妙地结合起来，鲜明地展示了统治者的宗教信仰。这也是一种压胜或改造前朝镇山的做法。

在明代北京中轴线上，唯一的宗教建筑是在御花园内的钦安殿，供奉的是玄武大帝。玄武大帝是明朝初年，永乐皇帝信奉的神灵，同时也是紫禁城皇宫建筑避火的保护神，属于中华道家文化。而景山上的五方佛则属于藏传佛教文化。其意境是通过坐北朝南的五方佛保佑着大清江山社稷（景山前面的皇宫），这不仅改变了明代中轴线上的宗教色彩，还使中轴线上的文化信仰理念得到进一步升华。清康熙皇帝曾有一首御制诗《景山春望》，表现了清朝帝王身处景山南望紫禁城时的心情，诗曰："云霄千尺倚丹丘，辇下山河一望收。凤翥中天连紫阙，龙蟠北极壮皇州。烟生沉瀣春初丽，露湿芙蓉翠欲流。却向闾阎看蔀（bù）屋，崇高还廑（qín）庙堂忧。"

到清乾隆年间，北京城市充分体现了对和谐文化的美好追求，并达到盛世景观。乾隆年间绘制的《乾隆京城全图》，对乾隆盛世的北京城、城市中轴线都有详细描述，是了解清代北京和北京中轴线的重要历史文献。同时，乾隆年间还绘制了一幅《京师生春诗意图》，这幅图对展现清代城市中轴线更加直观。《京师生春诗意图》从上到下纵向实景地描绘了北京中轴线南段和中段的景观，将正阳门外大街、正阳桥牌楼、正阳门箭楼和城楼、大清门、天安门、端门、紫禁城午门、太和门、太和殿，一直到景山，绘制得十分详尽，而且是雪后初春那种充满生机和祥和的城市景观。

我们站在景山之巅，向南眺望，祈愿天下永远安定（永定门）。在正阳（正阳门）的天气里，天下安宁（天安门），社会秩序井然、讲究礼仪风范（端门），朱雀展翅翱翔（午门，又称"五凤楼"，古代的"朱雀门"），天、地、人和谐（太和殿、中和殿、保和殿），政治清明、上下同心、阴阳和谐（乾清宫、交泰殿、坤宁宫），这样的人世间万年春（景山万春亭）。难怪美国建筑学家贝肯认为，在地球表面上，人类最伟大的个体工程，可能就是北京城了。

[清]徐扬《京师生春诗意图》

第四章　正阳门改建与天安门广场改造

第一节 正阳门改建

1911年,辛亥革命爆发,帝制被推翻。1912年年初,清隆裕太后颁布《清帝逊位诏书》,清王朝退出历史舞台。民国后的北京城在中轴线上发生了一些变化——封建皇帝退到紫禁城的后宫,然后又被赶出紫禁城,紫禁城变成了故宫博物院。皇帝没有了,民生得到重视。在北京中轴线上,先后出现了正阳门改建与天安门广场改造等两项重大工程。

正阳门改建的背景是在清朝末年,在正阳门东西两侧修建了京奉、京汉铁路车站。东侧为京奉铁路正阳门东车站,西侧为京汉铁路正阳门西车站。两个车站建成后,车流、人流、物流等从永定门、广安门进入内城,正阳门城楼只有一个门洞,显得十分拥挤,当时就出现了首都"首堵"的现象。于是在1914年,时任内务总长兼北京市政督办的朱启钤向大总统袁世凯提交了《修改京师前三门城垣工程呈》,获批后主持正阳门改建工程。

1915年6月16日,朱启钤使用袁世凯赠送的银镐在正阳门箭楼上取下第一块城砖,标志着改造工程正式开始。同时,聘请德国建筑师罗斯凯格尔制订改建正阳门的设计方案。这次改建的主要工程是拆除正阳门瓮城,在城楼两侧各开两座门洞,同时修建马路,起到疏解交通、便于市民出行的作用。在改建过程中,设计者也注意到了装饰和美观,保留正阳门城楼和箭楼,并在箭楼后增加"之"字形登城马道(石台阶)和观景平台;在箭楼东西两侧墙体上装饰半月形图案;在箭楼上下两层箭窗上檐加饰水泥制成的西洋式弧形华盖;在箭楼前增加水泥护栏等。整个改建工程于1915年6月16日开工,同年12月29日完工。改造后的正阳门门洞由原来的一个变成了五个,两边的大马路更宽敞了,极大地缓解了北京市民的出行压力。箭楼完全脱离了城墙,成为一座装饰漂亮的景观建筑。

朱启钤用银镐取下第一块砖

正阳门改建是北京中轴线与时俱进、文脉传承的成功案例。正阳门箭楼由此成为北京市公共文化活动空间,之后陆续成为国货陈列馆、电影院等。这次改建意义重大,标志着北京中轴线与时俱进,进入现代城市建设的新篇章。20世纪初,新型建筑材料的典型代表是钢铁和水泥。当时法兰西共和国用钢铁在巴黎塞纳河畔修建了埃菲尔铁塔,彰显了钢铁(财富)的富有,北京正阳门改建工程聘请的是德国工程师,引进的是当时标号上等的水泥,刷上白漆后有汉白玉的效果。而在当时,引进的水泥是比汉白玉更贵重的建筑材料,因为北京盛产汉白玉,而水泥是当时最新型的建筑材料之一,属于凤毛麟角,十分稀罕。我们讲正阳门改建是成功的案例,就在于使用了新型建筑材料和引进了西洋建筑风格,但整体格局上没有破坏正阳门城楼、箭楼的建筑体量和内在文化气质,只是将其打上了时代烙印。

用新建筑材料水泥装饰后的箭楼

第二节　天安门广场改造

天安门及广场改造的背景是：1949年9月27日第一届中国人民政治协商会议通过决议，确定北平为北京，同时决定北京为中华人民共和国首都，当年10月1日将在天安门广场举行开国大典。而改造的准备工作在此之前已经进行。1949年8月9日至14日，在第一届北平各界代表会议上，已经有传闻说开国大典将在天安门广场进行，建设人民首都的标语也已经出现，整修天安门城楼，清理天安门广场的计划顺利通过。

天安门城楼整修和广场大规模改造是从20世纪初开始，延续整个世纪，重点是在20世纪50年代。说从20世纪初开始，其实是在1912年"中华民国"成立后，作为现代城市建设，已经开始对天安门广场进行改造。1913年拆除了"丁"字形广场两侧的千步廊，为缓解交通压力，陆续在天安门周边的皇城墙开了豁口，其中有天安门东侧的南池子豁口、西侧的南长街豁口；拆除了长安左门、长安右门两侧的红墙，为长安街的贯通奠定了基础。

说20世纪50年代是重点，是因为1949年开国大典期间，毛泽东同志提出，要把天安门广场改造成为人民喜爱的地方。中国人口多，要把天安门广场修建成规模宏大的广场。特别是在检阅游行队伍时，长安街上的长安左门、长安右门（俗称东三座门、西三座门），影响游行队列行进，拆除长安左门、长安右门被提到日程上。1954年，中华人民共和国成立五周年时，在天安门两侧修建了观礼台。"1959 年,又在半永久性观礼台东西两侧修建了两座新观礼台,与原来半永久性观礼台衔接成永久性观礼台。东西观礼台是对称的,东西各七台。在天安门城楼的前方近处是两座大观礼台,每座长 95 米,宽 12 米,各有 6 个小区;在中山公园门口右侧,劳动人民文化宫左侧的两个小观礼台分别长 73 米,各有 5 个小区。观礼台呈北高南低倾斜式,内有梯形台阶供人就座。整个观礼台能容纳 10 420 人。"①

1958 年,人民英雄纪念碑落成;1959 年,人民大会堂、中国历史博物馆和中国革命博物馆落成。

天安门广场在改造前是封建社会皇帝宫城的进深空间,从天安门开始,是重重宫殿,而在天安门前的 540 米长的"丁"字形空间,以其狭长、封闭的距离,衬托皇权的神圣、威严。在天安门改造过程中,拆除了"丁"字形空间南端的起点——中华门(明代大明门、清代大清门)和东西两面相对称的皇城墙后,不仅广场的空间发生了变化,视觉效果也发生了变化,性质也发生了变化。皇宫前庭被彻底改造,代表封建皇权的建筑在天安门后面被保留,真正成为故宫,而高大雄伟的天安门城楼得到进一步提升,在人民英雄纪念碑、人民大会堂、中国历史博物馆和中国革命博物馆(今为中国国家博物馆)等建筑群衬托下的天安门广场,成为中华人民共和国的象征,成为人民当家作主的时代烙印。侯仁之教授曾提出三个里程碑的思想。他认为,

---

① 贾英廷、蔺炳奎编著:《天安门》,中国商业出版社 1998 年版,第 109 页。

现存的北京城市建设经历了三个里程碑式的发展阶段。

第一个里程碑是 600 年前明朝皇城、紫禁城的修建。在城市文化建设史上，举世闻名。其特点是通过皇城、紫禁城的辉煌建筑，确立了封建皇权"面南而居""至高无上"的地位。

第二个里程碑是 20 世纪 50 年代天安门广场的改造和东西长安街的贯通。天安门广场的改造打破了原有的封建城市封闭的格局，同时也改变了封建帝王至高无上的地位，展示了人民当家作主的新的城市格局和精神面貌。

第三个里程碑是中轴线向北的延伸和奥林匹克公园的建设，充分展示了北京改革开放后的新面貌，以及北京步入 21 世纪后现代化城市建设的新气象。

侯仁之教授提到的北京城市建设的第二个里程碑，使北京中轴线在不影响"中心明显、左右对称"的状态下，有了适应新时代需求的本质性变化。这种变化就是与时俱进，同时也是北京中轴线文脉的一种延伸。这种文脉延伸体现在两个方面：

一是传承了北京中轴线"中心明显、左右对称"的格局，中心点建筑是国家纪念性建筑——人民英雄纪念碑，左右对称的建筑是中国国家博物馆（时称"中国历史博物馆和中国革命博物馆"）和人民大会堂。中国国家博物馆和人民大会堂尽管选择的是罗马式建筑，但在立柱上没有悬空的人物雕塑，而是选用了中国文化元素——琉璃瓦和中国传统花卉图案，建筑形制和体量也体现并采用了堂堂正正、四梁八柱的风格。中国国家博物馆展现的是中华民族源远流长的历史与文化，人民大会堂是党和国家、人民代

北京中轴线

表大会讨论国家重大事务的地方,这两座建筑实质上传承了城市规划传统与格局。

二是发展了都市文化主题。这种主题在北京中轴线确立之初是皇权至上,经过民国改建,还城市功能于民,但这种思想和文化主题还不彻底。以人民英雄纪念碑为核心,中国国家博物馆和人民大会堂为左右,再加上修缮一新的天安门城楼、人民观礼台,以及由太庙对外开放的今北京市劳动人民文化宫、由社稷坛对外开放的今中山公园,人民至上的思想、主题更加鲜明,更加彻底。尤其是矗立在天安门广场正中的人民英雄纪念碑,其思想、文化核心主题是人民,强调"人民,只有人民,才是创造世界历史的动力",同时讴歌中华民族是崇尚英雄的民族,强调英雄来自人民,

天安门外大广场照片

人民崇尚英雄。毛主席纪念堂，讲述的也是领袖与人民，毛泽东不仅是伟大的无产阶级革命家，也是近代以来中国伟大的爱国者和民族英雄。针对以上这些变化，郭沫若有诗赞曰："天安门前大广场，坦坦荡荡向汪洋。巨厦煌煌周八面，丰碑岳岳建中央。"

第四章 正阳门改建与天安门广场改造

第五章 北京中轴线南段建筑

北京中轴线汇集了13世纪以来中国历史上许多重要的国家纪念性建筑、礼仪性建筑和标志性建筑。"今天我们所说的北京中轴线是指位于北京老城中心东西对称位置上,自北向南纵贯整个老城,由城市管理设施(钟鼓楼)、皇家宫殿(故宫)、园囿(景山)、坛庙(太庙、社稷坛、天坛、先农坛)、城门(皇城门——天安门、内城门——正阳门和正阳门箭楼、外城门——永定门)、当代重要公共和纪念建筑群(天安门广场建筑群,包括人民英雄纪念碑、毛主席纪念堂、中国国家博物馆和人民大会堂),以及反映古代城市功能布局及礼仪活动的居中道路遗存和桥梁(万宁桥)等建筑群组、城市空间。"①

为了便于了解这些建筑,我们把中轴线上的建筑分为南段、中段和北段三个部分。

南段:从永定门到正阳门,主要讲中轴线从外城到内城的建筑。

中段:从毛主席纪念堂到地安门,主要讲述中轴线经过天安门广场到故宫、景山的建筑。因为中段建筑多,有现代与古代两个部分,故又细分为中段南部和中段北部两个部分进行讲解。中段南部为天安门及广场建筑群,中段北部为明清故宫及景山公园等建筑群。

北段:从地安门到钟楼,主要讲述北京内城中心区域的街道与建筑。

---

① 吕舟:《中华文明视角下的北京中轴线》,载于北京市文物局、首都博物馆编《辉煌中轴》,科学出版社2023年版,第Ⅵ页。

第一节 永定门城楼

永定门位于中轴线最南端,其标志性建筑是永定门城楼,通高26米,重檐歇山三滴水楼阁式建筑,灰筒瓦绿琉璃瓦剪边顶,门洞正中有"北京中轴线南端点"标识。历史上,永定门由护城河、石桥、箭楼、城楼和瓮城组成,城楼高18米,面阔五间,进深三间。箭楼宽12.8米,重檐歇山顶,面阔三间,正面箭窗两层,每层七孔,城台下有门洞,与城楼门洞直通。瓮城近似方形,外角为小圆角,进深为36米,墙厚6米,东西宽42米。①

永定门始建于明嘉靖年间。嘉靖四十三年(1564)为增加外城防御功能,在城楼外增建瓮城,瓮城墙南面开门洞,与城楼门洞相对应。清乾隆三十一年(1766)重修永定门时增建箭楼,同时将城楼规制提高,使永定门成为外城七门中规格最高的一座城门。1950年,为打通北京环城铁路,将瓮城拆除。1957年,为扩充通向永定门外的交通大道,将城楼、箭楼拆除。2004年,为实现"新北京、新奥运"战略构想,又依据清乾隆年间永定门城楼样式和20世纪初对永定门城楼的测绘图纸,原址、原样重新复建了永定门城楼。

新修复的永定门城楼,不仅楼阁巍然屹立,而且特别注重文物的保护和传承。永定门在修建过程中,有三个看点:一是老城砖;

---

① 陈文良主编:《北京传统文化便览》,北京燕山出版社1992年版,第207页。

北京中轴线

历史上的永定门

新修复的永定门城楼

二是带有标识原址的城墙接口；三是"永定门"明代石匾额。

老城砖是永定门城楼修建的一个特色。1954年，北京市丰台区修建三台山危险品仓库时需要砖石，正赶上永定门成为危楼待拆，就把一部分城砖运到仓库修建围墙。2004年，永定门复建，仓库又将几千块老城砖运回永定门，垒砌在城楼墙体中。如果游客仔细看，就会找到带有制作标记的老城砖。在永定门城楼东西两侧留有城墙接口，分别有北京市人民政府标注的"明清北京外城南城墙东段由此向东"和"明清北京外城墙由此向西"的标记，是永定门原址修建城楼的重要证据，也是外城南城墙的重要标识。在城楼南面同样留有瓮城墙与城楼衔接标记，在地面上用方砖标识瓮城墙和箭楼的准确位置。2003年提出修复永定门城楼，人们偶然在先农坛，即今北京古代建筑博物馆门前的一棵古柏树下发现了埋藏多年的"永定门"石匾。永定门城楼石匾长2米，高0.78

永定门石匾

米，厚0.28米，由一块完整的汉白玉雕刻而成，在匾额上有"永定门"三个大字。这块石匾是明嘉靖年间修建永定门城楼时的老匾，现存于首都博物馆，现在的城楼石匾是根据老匾复制的。明石匾"永定门"三个字为楷书，苍劲有力，其中"永"和"定"字上面都有一个点的笔画，"定"字居中，上面一点沉雄苍劲；而"永"字点为一小横，正好丰满了右上角的空间布局。另外，永定门城楼前广场是开放的公共空间，也是市民放风筝的好去处。永定门内的公园绿树成荫，是市民休闲、舞蹈、歌咏的好地方，特别适合人们沉浸式体验北京中轴线，观看道路遗存实物，观看路西观音庙，参观由佑圣寺变身的十月文学院书屋，等等。

第二节 从永定门到正阳门的居中道路

永定门至正阳门牌楼，有一条居中道路，是北京中轴线重要文化遗产。这条道路全长约3公里，最早形成于正阳门外道路，明嘉靖年间修建永定门后，成为正阳门外通衢大街。皇帝出城以及去天坛祭天、去先农坛籍田等要通过这条道路。这条道路既是皇帝出行的御道，也是外城进入内城的交通干道。因道路重要，于清雍正年间，北起正阳门牌楼，南至永定门，铺设了石板路。石板取自西山的花岗岩，开石而成，现有历史遗存，位于永定门内，于2004年发掘出土，永定门公园内路西侧的路面长140米，路东侧的路面长108米。出土的这两条路面，是清末民初时由永定门内商家集资，利用原居中的石板路上石板铺设而成。在石板之下，有三合土夯筑的路基、石渣路路面等。这条居中道路是北京皇城连接皇家祭祀建筑的御路，又是内城与外城连接的通道，还是北京城，乃至北京中轴线道路交通发展变迁的历史见证。

这条居中道路最精彩之处在于"两坛加一街"的格局。两坛为天坛、先农坛，左右对称在中轴线东西两侧，而且天坛的东、西、南三面坛墙不开门，只有西侧开设祈谷坛门、圜丘坛门，与先农坛在东侧开太岁坛门、先农坛门相对，并遥相呼应。这种格局是中轴线与天坛、先农坛关系的重要见证。

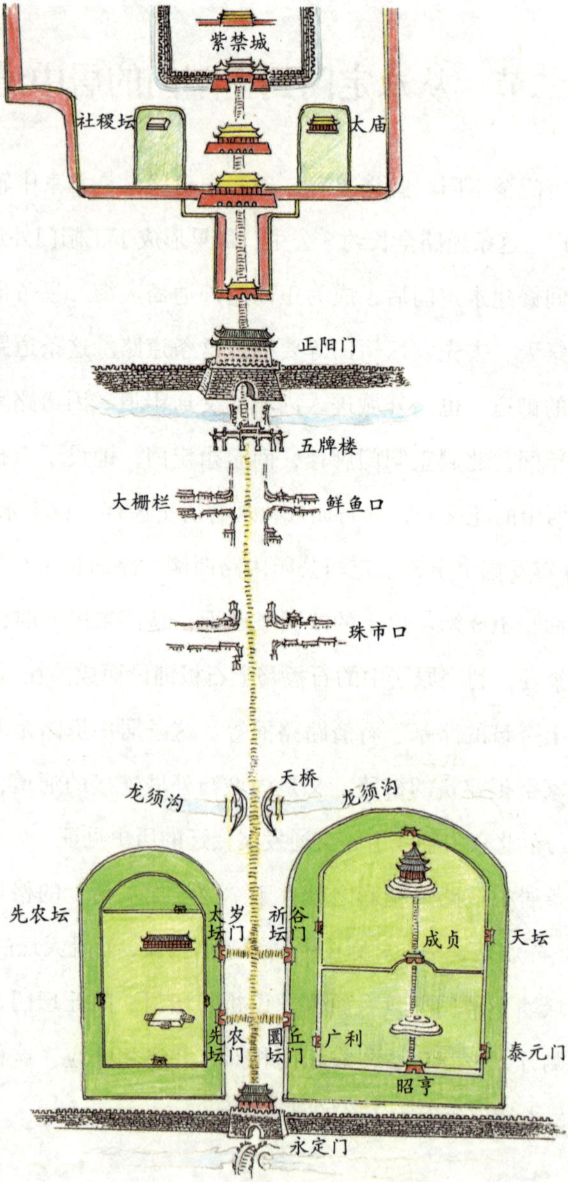
紫禁城
社稷坛
太庙
正阳门
五牌楼
大栅栏
鲜鱼口
珠市口
天桥
龙须沟
龙须沟
先农坛
太岁坛门
祈谷坛门
成贞
天坛
先农坛门
圜丘坛门
广利
泰元门
昭亨
永定门

"两坛加一街"景观示意图

第三节　天坛

　　北京城的对称布局从进入永定门就开始了。在永定门内中轴线两侧是天坛和先农坛两个对称布局的皇家祭祀建筑群，这是进入北京城的第一组对称建筑群。有趣的是，漫步在永定门内大街，可以清楚地看到天坛西坛墙上的两座门与先农坛东坛墙上的两座门相互呼应，即天坛的圜丘坛门（位于天坛西坛墙偏南，是皇帝冬至祭天到圜丘坛的必经之门）与先农坛东门（先农坛门）相对应；天坛的祈谷坛门（位于天坛西坛墙偏北，是皇帝出入天坛的正门，也是去往祈谷坛的必经之门）与先农坛太岁门相对应。

天坛西门

天坛的建筑是北京坛庙建筑中最精美的。我们可以从天坛南门向北行进，去感觉天坛建筑与其他建筑的不同。进入昭亨门后，一条笔直的道路自然将你的视线引入天坛建筑的第一个重点——圜丘坛。圜丘坛是一座三层圆形汉白玉石祭台。工匠们设计和建造这座祭台，既要符合几何原理，又要突出皇天上帝。根据《周易·系辞》中"阳卦奇，阴卦偶"的说法，阳代表天，阴代表地，祭天的圆台自然要为单数，而"九"又为单数中最大的奇数。由此，圜丘坛三层，每层四面的台阶都是九级。祭坛最上层坛面中心是一块圆心石，也称中心石或天心石，外铺扇面状弧形石块九圈，接近圆心石的一圈是九块，每向外扩大一圈，圆心石数量递加九块。祭坛中层和下层坛面也是类似设计，包括石栏板的数量也是采用"九"和"九"的倍数来设计的。

由圜丘坛向北是皇穹宇，这里既是圜丘坛的"天库"（专门收藏天神牌位的地方），又是一座独具特色的建筑，也是天坛建筑的第二个重点。皇穹宇位于回音壁内，四周的围墙是圆形的，表示天象。但由于墙体呈扇面形，磨砖对缝垒砌，十分坚硬光滑，形成声波的良好反射体，声音可以沿墙面连续反射，向前传播，由此形成回音壁。这种奇趣盎然的声学艺术与建筑艺术浑然一体，不仅使天坛的建筑增加了神秘感，也把祭祀建筑推向一个新境地。在天坛内，圜丘坛中间的圆心石、皇穹宇正殿台阶前的第三块石（俗称三音石）也与声学原理相关。这些声学原理的运用使人有"人间私语，天闻若雷"之感。

出皇穹宇，过成贞门，迎面就是丹陛桥。说是桥，实际是360

米长、29.4米宽的砖石台基。它不仅将天坛圜丘坛与祈谷坛连接在一条轴线上，而且是祭坛建筑上的一大创举。丹陛桥南低北高，南端台基有1米高，而到北端台基后达到3米高，这样的安排实际上是一种暗示，给人一种因天庭路途遥远，需步步登高的感觉。丹陛桥还被称为"神道"，又被称为"海墁大道"，中间是一条笔直的御路，一直导向祈谷坛。我们今天漫步在这条大道上，向北走，由于台基高了，台基两侧的树像是下降了，使人有种天高地阔、一望无际的感觉。

祈谷坛是天坛建筑中第三个重点。在祈谷坛中，最精彩的建筑是祈年殿。

祈年殿位于祈谷坛上层坛面正中，是一座蓝琉璃瓦攒尖顶三重檐的圆形大殿，三重檐逐渐向上收缩，给人以重重蓝天的感觉。在殿顶莲花座上，巨大的鎏金宝顶就像金色的皇冠扣在殿顶。殿高38米，殿身直径为32.72米。大殿全部为木结构，二十八根楠木大柱环绕排列于殿内四周，当中四根"龙井柱"，高达19.2米，直径1.2米，代表春夏秋冬四季；中层的十二根"金柱"，代表一年的十二个月；外层的十二根"檐柱"，象征一天当中的十二个时辰。还有人认为，中层和外层相加在一起的二十四根柱子，代表二十四个节气，再加上四根"龙井柱"，象征周天二十八星宿，如果再加上柱顶八根"童柱"，象征三十六天罡。最奇特的现象是殿内地面中心的大理石，大理石石面呈现的黑色纹理，酷似一条行龙和一只飞凤，俗称"龙凤呈祥"石。这块石板又正好对着殿顶藻井内的木制雕龙，使祈年殿更增加了一层神秘色彩。

天坛祈年殿

天坛的美概括起来有以下几个特点。

一是它的造型，以圆和方为主，是方中有圆，圆中见方。例如，祈谷坛和祈年殿是圆的，但它的基址是方的。圜丘坛是圆的，但它的外墙是方的。整座天坛内外坛墙，北部是圆的，南部是方的，充分展示了中国传统的天圆地方的观念。

二是它的呼应，从圜丘坛、皇穹宇到祈年殿，地势上层层抬升，相互呼应。据史书记载，明嘉靖年间皇穹宇为重檐，为了把皇穹宇作为祈年殿前的铺垫，清乾隆皇帝特地降旨，将其改为单檐，以衬托祈年殿的重要位置。

三是它的色彩，天是蓝的，祭天的建筑必然也要体现这一色彩。明嘉靖年间建圜丘坛、皇穹宇、祈年殿时，建筑色彩各不相同，有黄琉璃瓦顶、绿琉璃瓦顶，还有蓝琉璃瓦顶。比如祈年殿，明嘉靖年间改建后，殿顶上层琉璃瓦为蓝色，代表昊天，中层琉璃瓦为黄色，代表皇权，下层琉璃瓦为绿色，象征庶民（也有人认为是指穿绿袍的朝臣）。清乾隆年间修缮时，一律改为蓝色琉璃瓦，使天坛的建筑色彩得到和谐统一。

四是它的意境。天坛东西长1700米，南北宽1600米，总面积4000余亩①，是故宫占地面积的三倍多，但其建筑占地面积并不大。天坛坛墙内广植松柏，在一片苍松翠柏衬托之下，天坛建筑显得更加突出和精致。中国古建筑学家罗哲文认为，天坛是"世界独一无二的建筑杰作"。北京大学教授杨辛认为，天坛是中国古代文化的瑰宝，也是世界建筑艺术的珍品。天坛的意境不是停留在一般个人的情趣上，而是体现了天地间的化育生机，具有崇高、祥和、清朗等特点。

天坛的祈年殿和皇城的天安门现在已经成为北京的象征，其根源就在于这一方一圆的两座建筑，是中国古代建筑的精品。以天安门为龙头的紫禁城以方整、雄伟、厚重、辉煌的宫殿群突出了人间帝王的至尊，而以祈年殿为代表的天坛建筑群在构思上又进了一步，用红墙、蓝瓦、汉白玉、绿树把人间的皇权与天上的神权联系起来，更突出了大地人间与茫茫宇宙的联系，展现的是一种虚与实相结合的建筑美感。

---

① 1亩 ≈ 666.67平方米。

第四节　先农坛

先农坛,初名山川坛,位于永定门内大街西侧,是明清两代帝王祭祀先农、山川、神祇、太岁诸神的场所,以及举行亲耕典礼的地方。

坛北有红墙院落,正殿五间,坐北朝南,供奉先农牌位,东配殿为神库,西配殿为神厨。

坛西北有宰牲亭,为重檐悬山式屋顶,其在国内现存的明代官式建筑中十分罕见,被誉为"明代官式建筑中的孤例"。

先农坛祭坛位于开放的古坛区内,建于明永乐十八年(1420),是一层方形砖石结构平台,四丈①七尺②,即15米多见方,高四尺五寸③,即1.5米,座北朝南,四面各有八级台阶。明清两代,仲春时节皇帝亲临或派遣官员来此拜祭先农神。

太岁坛,又名太岁殿,是先农坛内最大的单体建筑。明嘉靖八年(1529)设坛露祭,十一年(1532)建太岁殿。太岁殿主殿坐北朝南,面阔七间,前有三出石阶,各六级。东西配殿各十一间,前出廊,有四级石阶。倒座南殿面阔七间,为拜殿。拜殿东南有燎炉,西有神库、神厨、宰牲亭等。太岁神乃值年之神,每年立春或遇水旱等都要祭祀。

---

① 1丈 ≈ 3.33米。
② 1尺 ≈ 0.33米。
③ 1寸 ≈ 0.03米。

神祇坛，位于太岁殿正南，坐北朝南，前后有门，绕以红墙，南门称神祇坛门，北门称雩（yú）坛门。红墙内有坛两座，东为天神坛，西为地祇坛，均建于明嘉靖十一年（1532）。

天神坛坐北朝南，为砖石方坛，五丈见方，高四尺五寸五分，四面有台阶，各九级，四周有围墙，东、北、西各一门，南为三门，均为石雕棂星门。坛北有四座雕刻着云龙纹的汉白玉石龛，祭祀云、雨、风、雷四神。

地祇坛坐南朝北，也是砖石方坛，面阔十丈，进深六丈，高四尺，四面各有台阶，每个台阶各六级。坛四周砖砌围墙，棂星门与天神坛数目相同。坛南有五个石龛，刻有五岳、五镇、五山神、四海、四渎。龛下四周凿有水池。坛东西各有两个石龛，刻有京畿山川神和天下山川神。

在先农坛内，还有皇帝视察农耕的观耕台、皇帝示范亲耕的一亩三分地，以及皇帝主祭神灵前沐浴吃斋的斋宫——庆成宫。

先农坛太岁殿

第五节　天桥

电视剧里传唱"天桥没有桥",一些年轻人真以为天桥没有桥,而实际上在北京中轴线上南有天桥,北有地桥(万宁桥,位于地安门外),天与地、南和北相互呼应。还有一说,天桥是天子(皇帝)出行专门行走的桥,故名"天桥"。据原宣武区政协黄宗汉先生主编的《天桥往事录》记载:天桥原是座单孔高拱桥,桥基是八字形,梁三,石栏四,桥身甚高,对其长度、宽度有各种说法。桥的两侧各建一亭,清同治时将亭移至附近寺庙,光绪二十六年(1900)均毁于八国联军炮火。①

在北京古代社会里,高拱形的天桥坐落在中轴线南段,桥下流水潺潺,荷花茂盛,不时有游船经过。桥上是皇帝去天坛祭天的必经之路,皇帝的仪仗是大驾卤簿,旌旗招展,黄盖耀眼,十分壮观。平日里,平民百姓只能从天桥两侧的木桥上通过。木桥南北各有集市,来来往往的人群与熙熙攘攘的集市交织在一起,非常热闹,是老北京人心目中的家园。这个家园特点是"酒旗戏鼓天桥市,多少游人不忆家"②。

如今,老天桥市场已经远去,天桥与桥下龙须沟也已经消失。清光绪三十二年(1906)时修建正阳门至永定门之间的马路,工匠将原来路面上的大石条起掉,铺成碎石子马路,天桥也为适应马

---

① 黄宗汉主编:《天桥往事录》,北京出版社1995年版,第9页。
② 清末诗人易顺鼎《天桥曲》。

车、汽车通行，将桥身降低，变成矮桥。1929年，正阳门外大街开始修建有轨电车，又一次将天桥变成平桥，桥栏板仍存。1934年，在展宽正阳门至永定门道路时，天桥彻底被拆除。由此，天桥在人们的视野中消失了。但是，天桥作为北京中轴线上的遗址仍在，作为一种文化现象，保留至今。

今日寻访天桥有三个看点。

一是天桥准确的地理位置，位于天坛路西口、永安路东口、前门大街南口、天桥南大街北口十字交会处，这里是交通要冲。据了解，天桥的位置距今日修建的天桥景观桥向北40米处，现正在进行遗址考古与田野调查。

二是新修复的天桥小广场，位于北京中轴线西侧8号线地铁天桥站出口处，有四面钟标志性建筑和青铜雕塑的"天桥八怪"。

三是龙须沟遗址，位于金鱼池小区中街居民区内，有话剧《龙须沟》中小妞妞的塑像和一小部分龙须沟遗址。若寻访龙须沟遗址，在金鱼池小区中街路口还有标记，即老舍塑像和他以天桥为素材创作的《茶馆》《龙须沟》《骆驼祥子》等作品的雕塑。

除了老天桥遗址，还有两座用汉白玉制作的御制碑，一座名为《正阳桥疏渠记》，现位于北京市东城区红庙街78号，原位置在天桥雁翅东南方位；一座名为《皇都篇·帝都篇》，现位于首都博物馆外东北角，原位置在天桥雁翅西南方位。《正阳桥疏渠记》碑为方柱形制，通高约8米，各面均宽1.45米，顶部为四角攒尖碑盖，碑盖四脊各雕有行龙一条。碑下为束腰须弥座，雕有云、龙、菩提叶等纹饰，碑的内容记述了当年乾隆下旨整治天桥南部河道

北京中轴线

天桥示意图

及周边环境的具体情况。《皇都篇·帝都篇》碑体量、样式与《正阳桥疏渠记》相似,《皇都篇·帝都篇》御制碑高 6.7 米,碑文讲述了北京作为都城优越的地理环境,是研究北京历史文化的重要文献。这两座御制碑是了解乾隆盛世、皇帝功德的历史文物,也是了解乾隆书法作品的实物。

第六节　正阳桥与牌楼

说"正阳桥牌楼",人们可能不清楚,但一提前门外大街"五牌楼",老北京人几乎无人不知、无人不晓。实际上,五牌楼就是正阳门外正阳桥的牌楼,也是内城九门外最大的一座牌楼。五牌楼始建于明正统年间。当时,年幼的正统皇帝刚即位,需要京城面貌一新,同时为了加强城防,朝廷开始对内城九座城楼做重新加固和修建,并在各城门外护城河上设置大石桥,在大石桥前设置牌楼。京城九门当中八座城门外护城河上各有一座大石桥,桥前设置三开间的牌楼,只有正阳门外护城河上设置三座并排的石桥,桥前为五开间的牌楼,俗称"五牌楼"。这是因为正阳门是内城南城墙正中的城门,在北京城门中位置独特,十分重要。

目前,正阳桥作为北京中轴线上的古代遗址,正在进行考古发掘和田野调查,其准确位置在正阳门箭楼前月牙形马路正中,有人行道标记。通过对桥东南雁翅的考古发掘,考古工作者已经发现一只明代镇水兽,是正阳桥重要的历史见证。

正阳桥牌楼原为木质结构,六柱并排,形成五开间。牌楼立柱为街道上常用的"冲天柱"形式,柱下有汉白玉石基座,上面雕刻有石狮子,牌楼正中间的开间最大,两侧依次缩小。牌楼正中开间中线正好压在城市中轴线上。在牌楼中间上方,清末留有由满汉文字书写的"正阳桥"。后来,因牌楼影响交通,被拆除。后又考虑恢复古都风貌,修建了五开间垂花柱形式牌楼。在人文

北京中轴线

正阳桥牌楼

北京建设中,人们越来越认识到,对待历史文物要有敬畏之心,要坚持"原址、原样、原工艺、原材料"的保护原则,如今又重新修建的正阳桥牌楼,成为北京中轴线上不可或缺的城市景观。

第七节　正阳门

正阳门因在皇城前面，俗称"前门"或"大前门"，位于北京内城南城墙正中，是北京内城正门，也是北京都城的标识，由此也有"国门"之称。

一、巍巍正阳门

正阳门过去由箭楼、城楼和瓮城组成。箭楼通高35.37米，重檐歇山顶，上铺灰筒瓦绿琉璃瓦剪边，为堡垒式建筑。内城九门中箭楼城台一般不开门洞，只有正阳门箭楼城台开一个门洞，平时不开门，门洞内御道向北通向正阳门城楼、天安门，向南止于正阳桥牌楼，是专为皇帝出行设计的。正阳门城楼通高43.65米，建筑形式为重檐歇山顶三滴水，灰筒瓦绿琉璃瓦剪边顶，面阔七开间，进深三开间，楼阁式建筑，建制规模大于内城其他城门楼，表明这是国都正中的城门楼。

正阳门城楼始建于明永乐十七年（1419），当时沿用元大都南城墙正中城门名称——丽正门（元大都丽正门位于今天安门位置）。明正统元年（1436），重修京城九门，四年后建成，改称正阳门，并修建了北京城最大的瓮城和最雄伟的箭楼，同时在箭楼外深挖护城河，并排修建了三座汉白玉石桥，称正阳桥，中间的桥被称为御路桥，专供皇帝出行使用。

位于护城河上的正阳桥不仅位置十分重要，而且是进入京

北京中轴线

正阳门箭楼

城不可缺少的一道桥梁,有"龙津桥"(天子都城前面的桥)之礼仪。正阳桥以及桥前的牌楼是在明朝初年定都北京后修建的,当时内城其他八座城门外护城河上均建有大石桥,以便于进出城门使用。桥前均建有牌楼,以彰显城门的特点。不同的是,其他八门是一桥三开间牌楼,只有正阳门是三桥五开间牌楼,这说明正阳门城楼的位置突出及出入城池的重要性。

从永定门沿着中轴线向北行进,当时的天桥是一座拱形石桥,正阳桥是三座并排的大石桥,到天安门前已经是五座并排的金水桥,由南向北,一、三、五桥的数量不仅均为阳数,而且有着层层递升的文化景观呈现。

正阳门城楼

正阳门有"四门三桥五牌楼"之说[①]。四门指城楼门洞、箭楼门洞和两个闸楼门洞,三桥指正阳桥上三座并排的大石桥,五牌楼指正阳桥牌楼。在北京内城九座城门瓮城中,均建有寺庙,多是关帝庙,北面城门是真武庙,只有正阳门瓮城东侧增加了观音庙,其原因之一是正阳门是内城正中间的城门,中间是御路,也是北京中轴线经过的地方,瓮城开设了两个闸门洞,建有两座庙宇左右对称,彰显和谐与平衡,体现北京中轴线的文化特点。这两座庙宇左(东)为观音庙,因观世音菩萨与北京老百姓生

---

① 老北京俗语:"北京城方又圆,四十里走不完,就属前门楼子好,前门楼子九丈九。""前门楼子九丈九,四门三桥五牌楼。"

活信仰息息相关，有求必应；而右侧关帝庙中的关老爷既是忠义的化身，又是武财神，能保佑城池平安，商贾发财。平日老百姓进出城门多烧香祈拜，拜大慈大悲的观世音菩萨保佑平安；拜武财神关羽保佑发财；皇帝出巡和去天坛祭天、去先农坛祭拜时也拜关帝庙，意在护国佑民。在邻近两座庙宇的东西两面瓮城墙正中开设有门洞，上面建有闸楼，供人们平日出行之用（详见 P59 图）。

正阳门城楼、箭楼曾先后多次被焚毁，1900 年 6 月 16 日，正阳门外老德记洋药房被抵制洋货的义和团放火点燃，起火后殃及周边，最终箭楼被大火焚毁。同年，八国联军进北京城，驻扎在正阳门城楼上的英国雇佣兵在城楼上燃火取暖时发生火灾，又将城楼烧毁。这是北京城历史上最黑暗的一段时光。1903 年至 1906 年重建城楼与箭楼。

现在保留的城楼样式为最后一次重建后的样式。1915 年，受民国政府委托，由德国建筑工程师罗斯凯格尔设计，在箭楼上添建了水泥护栏和箭窗上的弧形遮檐，在月墙断面增加了西洋图案花饰。这样，箭楼就更具有了新的观赏价值。1928 年至 1937 年，正阳门箭楼一度开辟为"国货陈列馆"，展陈的国货产品有北平的珐琅、贵州的茅台、杭州的丝绸、福建的雕漆、湘蜀的刺绣、江南的花布、河北的土布、王麻子菜刀、张小泉剪刀等。正阳门箭楼可谓今日北京构建博物馆之城的先驱，这一现象是值得研究的。

步入新时代，有关正阳门城楼、箭楼的保护、文脉传承与活化利用已经引起人们的广泛关注。为了更好地保护老北京城的"国门",让人们更好地欣赏其建筑风采,北京市政府和文物保护部门已经按照古代建筑原址、原样、原材料、原工艺的原则对城楼、箭楼进行修缮,城楼、箭楼将作为北京中轴线重要展示场所(博物馆)对外开放,同时加强周边环境治理,清理违章建筑,留白增绿,并在前门外大街修建步行街和恢复民国初年的有轨电车。步行街从正阳门箭楼向南直抵珠市口,两侧保持古色古香的商业门脸,其中有不少是驰名中外的老字号,如全聚德烤鸭、都一处烧麦店、同仁堂药店、大北照相馆、张一元茶庄、步瀛斋鞋帽店等。为了步行街建设,北京市政府专门制定了正阳门道路改建工程,分别在前门地区修建前门东路和前门西侧路,即煤市街。前门东路北起月亮湾,南至今两广路,车辆由南向北行驶;煤市街,北起西河沿,南至今两广路,车辆由北向南行驶。两条道路分别与天安门广场东侧路、西侧路贯通。

二、中国公路零公里标志

世界上许多国家,都在首都的中心位置设立了公路零公里标志,这是国家首都的象征。北京是中华人民共和国的首都,是全国政治中心、文化中心、国际交往中心和科技创新中心,同时也是全国的交通枢纽和公路中心,要有首都意识,更有必要设立中国公路零公里标志。

中国公路零公里标志在北京中轴线上的具体位置在正阳门城

楼前地面上，由清华大学美术学院设计，采取了"天之四方，零在中央"的传统文化设计理念。天之四方的图样为"前朱雀、后玄武、左青龙、右白虎"。前为南，图形朱雀；后为北，图形玄武（龟和蛇）；左为东，图形青龙；右为西，图形白虎。①

中国公路零公里标志整体图样用青铜合金铸造，为长宽各1.6米的正方形，突出"外方内圆"的图形设计。外方，同时突出东、南、西、北四个方位，分别用汉字篆书注明，汉字下方有英文东、南、西、北缩写的字母，指明方位；标志内圆是一个车轮，中心点是"0"，车轮是交通工具，而"0"既是中心，又有交通起点的寓意；同时在东、西、南、北四个方位分别有青龙、白虎、朱雀、玄武图案作标识。车轮外环使用六十四个标志点代表着传统文化中的六十四个方位，与车轮中的放射线（车条线）共同象征着中国公路网络四通八达。

中国公路零公里标志经中华人民共和国交通运输部和北京市人民政府批准，于2006年9月24日上午正式安放在正阳门城楼前的御道上，成为北京中轴线上一处新的城市景观。

---

① 青龙、白虎、朱雀、玄武是中国传统天文中的星宿名字，象征着四极，被誉为"四方神"或"四灵"，分别代表东、西、南、北四个方位。用青龙、白虎、朱雀、玄武来表征方位可溯源至夏朝；用青龙、白虎、朱雀、玄武四位一体来表征方位至汉代已形成完整体系，多应用于建筑，以瓦当最多。中国公路零公里标志所用的"四神"图案便取自四块著名的汉代瓦当图样。

中国公路零公里标志

三、正阳雨燕

"正阳雨燕"指在正阳门城楼、箭楼上栖息的北京雨燕。

每到夏季,人们会发现北京城内外多了许多燕子。这种燕子飞行速度极快,尤其在夏季暴风雨来临之前,天空乌云密布,空气湿度大,成群的燕子低飞、鸣叫,有些像高尔基笔下的海燕。由此,北京的农谚有"燕子低飞蛇过道,滂沱大雨要来到"。雨燕的名称为"北京雨燕",是唯一用"北京"命名的燕科物种。1870年,英国人温斯侯在北京首次采到雨燕的标本,他发现这是一个新物种,将之命名为"北京雨燕"。但在北京老百姓心目中,雨燕就是老人们常说的"天上飞的燕子",因这种燕子起飞的时候,要从高处(高楼)往下飞才能飞起，于是就给这种燕子取了一个俗名——"楼燕"①。

北京雨燕属于夜鹰目雨燕科，比常见的燕子体形大，羽毛为黑褐色，在胸腹部有白色纹路。北京雨燕具有高超的飞翔本领，飞行速度极快，而且在飞行途中会突然直角拐弯，一般猛禽很难捉到它。北京雨燕属于候鸟，每年清明节前后，雨燕准时飞回北京，落脚在正阳门城楼、箭楼和其他高大建筑的屋脊上；到立秋日，北京城暑气还未完全散去，它们就开始向南迁徙飞行。雨燕可以在空中飞翔、休息、觅食，具有砥砺前行、坚韧不拔的精神。

北京雨燕是益鸟。北京夏季，尤其是在多雨季节，它们以空中飞舞的昆虫、蚊蝇为主要食物来源。经过科学观察与检测，北京雨燕筑巢对北京古代建筑，特别是木制楼阁式建筑没有破坏性，它的粪便不属于酸性，而是中性，比较干燥，易于清理。由此，北京雨燕与北京人相处得非常和谐。

随着对北京雨燕的深入了解，北京人越来越喜爱这一物种，它们更是成为北京城的形象大使及北京中轴线"代言人"。在北京文创产品中，雨燕是重要文化元素，已有"北京福娃""北京雨燕风筝""云游北京中轴线小精灵"等众多文创形象，人们还根据北京中轴线不同遗产点，设计出了"中轴燕""御道燕""太和燕""万春燕""钟鼓燕"等多个雨燕形象。②

---

① 楼燕，即北京雨燕。因为北京雨燕长时间飞翔，两只脚发育细弱，不能在地上跳或跑动，所以北京雨燕的脚根本没有力量助其起飞，它们起飞时只能从高处向下滑落并展翅飞翔。由此，我们在呵护北京雨燕时，尽量不使它们坠落。因为如果它们不慎摔到地面，就很难再起飞了。

② 《中轴线申遗又启动一个重要项目，"北京雨燕"加盟成为代言人》，《北京晚报》2021年12月31日第6版。

第六章 北京中轴线中段南部建筑

第一节　毛主席纪念堂

　　毛主席纪念堂坐落在天安门广场南端，是一幢长、宽各 105.5 米，高 33.6 米的正方形建筑，总建筑面积 2 万平方米。[①] 毛主席纪念堂顶部有两层金黄碧绿的琉璃瓦，既保留了北京城市古典建筑的特点，又有民族风格的创新，整座建筑堂堂正正，与天安门广场大型建筑群协调一致。毛主席纪念堂端庄、大方的建筑造型与人民英雄纪念碑经典、秀气的造型正好形成一横一竖，坐落在天安门广场正中，位于北京中轴线上。

　　毛主席纪念堂平面布局为三层，地上两层，地下一层。正门内北大厅是瞻仰毛泽东同志遗容和举行悼念活动的场所，中央是汉白玉质地的毛泽东坐像，背后是描绘祖国山河的绒绣壁画《祖国大地》。正中是瞻仰厅，是纪念堂的核心部分，庄严肃穆。再向南是南大厅，在南大厅汉白玉质地墙面上悬挂有毛泽东 1963 年 1 月 9 日亲笔题写的诗词《满江红·和郭沫若同志》手迹。在南大厅东西两侧原为休息厅，现改为毛泽东、周恩来、刘少奇和朱德等同志光辉业绩陈列室。毛主席纪念堂和人民英雄纪念碑都是坐南朝北，也就是朝向天安门，这与中轴线上的传统建筑朝向不同。但是，人们漫步在天安门广场上，没有觉得这两座建筑与中轴线上原有建筑冲突，其原因是这两座建筑——毛主席纪念堂和人民

---

① 北京市文物事业管理局编：《北京名胜古迹辞典》，北京燕山出版社 1989 年版，第 10 页。

英雄纪念碑,从东、西、南、北四个方向都可以观瞻,即使是南北方向也有正面的感觉。同时,在天安门广场举行重大活动时,人们从东西长安街进入天安门广场,在人群布局满员时,两座建筑正好在人群中间,寓意毛主席和人民英雄永远活在人们心中。

　　毛主席纪念堂从1976年11月24日奠基开工,到1977年9月9日正式落成,仅用了9个月时间。① 时间虽短,但是工程质量一点也不马虎,是北京建筑工人日夜加班所创造出的建筑奇迹,其建筑材料当时得到全国各地的支援。在毛主席纪念堂周围还有绿

毛主席纪念堂

---

① 北京市文物事业管理局编:《北京名胜古迹辞典》,北京燕山出版社1989年版,第1页。

树和雕塑，绿树有油松、桧柏、云杉等常青树，还有黄杨、海棠、红果树等树木；雕塑群像展示的是中国人民在中国共产党和毛主席的领导下夺取新民主主义革命胜利和进行社会主义革命、社会主义建设的史诗，尤其是工人、农民、士兵以及普通民众的人物塑像第一次矗立在北京城市中轴线上，人物造型立体、栩栩如生。

第二节 人民英雄纪念碑

1949年9月30日，中国人民政治协商会议第一届全体会议通过决议，在天安门广场兴建人民英雄纪念碑。当日下午6时，进行奠基仪式。1951年10月，人民英雄纪念碑兴建委员会在征集的200多幅设计方案中，决定以梁思成的设计方案为主，并综合其他方案来建造人民英雄纪念碑。纪念碑于1952年8月1日动工兴建，1958年4月竣工。1953年，重达百吨的碑心巨石从青岛浮山运来，经过加工后成品高14.7米，宽2.9米，厚1米，重60.23吨；纪念碑碑身由413块花岗岩组成；纪念碑碑基由17 000多块花岗岩和汉白玉组成，碑基面积3000多平方米。碑座四面嵌着八幅巨大的浮雕和两块方形浮雕，总计10幅，内容分别为"虎门销烟""金田起义""武昌起义""五四运动""五卅运动""南昌起义""抗日游击战争""胜利渡长江""支援前线""欢迎人民解放军"。1958年4月22日，人民英雄纪念碑落成，5月1日，举行揭碑仪式，落成的纪念碑从地面到碑顶高37.94米，矗立在汉白玉石基座上。

人民英雄纪念碑矗立在天安门广场正中央，是中国近现代以来第一座坐落在北京中轴线上的新式建筑。人民英雄纪念碑与整修一新的天安门城楼遥相呼应，呈现了中华人民共和国在中轴线上的新气象。纪念碑以面向天安门（北面）为正面，上面有毛泽东主席题词："人民英雄永垂不朽"八个镏金行草大字；背面（南面）是由毛泽东起草、周恩来题写的碑文。碑文如下：

北京中轴线

人民英雄纪念碑

    三年以来，在人民解放战争和人民革命中牺牲的人民英雄们永垂不朽！

    三十年以来，在人民解放战争和人民革命中牺牲的人民英雄们永垂不朽！

    由此上溯到一千八百四十年，从那时起，为了反对内外敌人，争取民族独立和人民自由幸福，在历次斗争中牺牲的人民英雄们永垂不朽！

第三节　中国国家博物馆

　　中国国家博物馆，位于天安门广场东侧，是与人民大会堂相互呼应的对称建筑。中国国家博物馆的历史可以追溯到1912年7月成立的国立历史博物馆筹备处。1958年11月兴建的中国历史博物馆和中国革命博物馆，于1959年国庆节前夕与人民大会堂同时落成，是庆祝中华人民共和国成立十周年而兴建的首都十大建筑之一，也是北京作为全国文化中心的标志性建筑。2003年，在中国历史博物馆和中国革命博物馆基础上合并组建中国国家博物馆。

　　与人民大会堂不同的是，中国国家博物馆总入口处有24根方柱，人民大会堂是圆柱，两座建筑的廊柱体现了北京建筑文化中讲究的"方圆变化"，具有北京建筑的传统文化特色和风格。与人民大会堂的建筑颜色相比，中国国家博物馆浅灰色的外墙和屋檐更显得庄重（人民大会堂外金黄、内翠绿的屋檐，显得更加色彩鲜明）。1959年10月，北京历史博物馆更名为中国历史博物馆，与中国革命博物馆一起迁入新馆。中国历史博物馆馆名由郭沫若先生题写，1961年7月1日，"中国通史陈列"正式对外开放。2007年，中国国家博物馆启动扩建工程，扩建时既保留了原建筑南、北、西三个方向的立面，扩大内部展陈面积，又适应现代化展陈需要，整体设施焕然一新，是当代中国集历史研究、考古收藏、文化艺术于一体的展示殿堂。

　　中国国家博物馆于2011年3月重新对外开放，由过去6.5万

中国国家博物馆

平方米增加到 19.19 万平方米，共 48 个展厅，馆藏藏品达 106 万件，是当代中国最大的博物馆建筑，也是世界上建筑面积最大的博物馆。[①] 其中，"古代中国""复兴之路"及各种书画艺术等展览，每天吸引大量中外游客前来参观。

---

① 《中国国家博物馆改扩建工程竣工暨〈复兴之路〉基本陈列复展仪式举行》，《人民日报》2011 年 3 月 1 日。

第四节　人民大会堂

人民大会堂于1958年10月动工，到1959年9月落成，完全是由中国人民自主设计建造完成。有人做过计算，从设计到施工，时间只有1年，其建设速度之快、工程质量之高，是我国建筑史上的一大创举。人民大会堂建筑面积达171 800平方米，比故宫的全部建筑面积之和还要大，建筑体积约160万立方米。人民大会堂外形壮观巍峨，黄绿相间的琉璃瓦屋檐，高大魁伟的廊柱，以及层次分明的建筑，既有民族传统，又有新时代气息。人民大会堂正门面对天安门广场，门前有台阶，建筑上方正中位置镶嵌着国徽，迎面有12根25米高的浅灰色大理石门柱，进门便是典雅、朴素的中央大厅。厅后是宽76米、深60米的万人大会堂，大会堂北翼是有着5000个席位的大宴会厅、南翼是人民代表大会常务委员会办公楼。大会堂内还有以全国各省、自治区、直辖市命名并富有地方特色的厅堂。其中北京厅内专门悬挂有表现北京城市中轴线的巨幅油画。

人民大会堂是全国人民代表大会开会的地方，也是国家领导人和人民群众举行政治、外交活动的场所，初建时称"万人礼堂"。据北京城建系统老专家沈勃回忆，"人民大会堂"这个响亮的名字是毛主席提议确定的。1959年9月9日凌晨，毛主席到大会堂工地视察，就在北京厅的位置坐下。他问起建设的情况，当得知这座建筑还没有正式命名时，毛主席说，那就叫人民大会堂吧！因

人民大会堂

为这座建筑属于人民。

　　人民大会堂内最有特色的地方是会议大厅,俗称"万人大礼堂"。设计时汲取了唐代诗人王勃《滕王阁序》中"落霞与孤鹜齐飞,秋水共长天一色"的理念构思,整座大礼堂上下浑然一体,成为大型厅堂建设的一个奇迹。

第五节　金水河与金水桥

金水河流经皇城正门前,是中国古代都市设计的一种传统。唐宋以来的宫城、皇城前,都有河流围绕,并且在河与中轴线相交的节点上建有桥梁。桥梁的名称也有讲究,称周桥、州桥、龙津桥、天津桥等。考古发掘表明,在宋都汴京(今河南开封)就有著名的"州桥",位于开封古城南北中轴线上。金中都在皇城丹凤门外中轴线上有龙津桥,元大都在宫城崇天门外中轴线上有周桥。甚至有观点认为,北京天安门前的外金水桥就是龙津桥的化身,而紫禁城午门里的内金水桥则为周桥的化身。

实际上,北京金水河有着鲜明的地域特色。据《元史·河渠志》记载,金水河源于北京小西山的玉泉山,从元大都和义门南侧城墙下水关入城。按照阴阳五行学说,西方属于金,金生水,故名金水河。到明朝修建皇宫,金水河与金水桥修建在承天门前,更加彰显中华传统文化,表示"天河银汉"。何谓"天河银汉"?天河、银汉都是指我们日常所说的星空。在晴朗的夜空中,人们用肉眼便可以看到一条由很多星星组成的天体,形如大河,古人把这条大河称为"天河""星河""银河""银汉""天汉""云汉"等。根据现代天文学家观测,银河系大约由一千亿颗以上的恒星和星云、星团构成,而古人不知道这些科学知识,将看到的"天河"与天上的玉皇大帝联系在一起,认为这是在天庭前面流淌的一条河,由此认为在人世间的皇城前面也应该有这样一条河,成为历代王朝在皇城前面设计河流的依据,即天上夜晚为阴,是星光灿烂的银河;地上白天为阳,是阳光照耀下波光粼粼的金水河。

有了金水河还不够,中国民间还有四大传说,其中讲述天庭与人间故事的是"牛郎织女"。由此,北京帝都文化又与民间传说交融在一起。由于在古代社会,中轴线上的皇城从南到北都是禁区、禁地,老百姓要从城东到城西走亲戚、会朋友,特别是热恋中的青年男女会感觉很不方便,人们就联想到了牛郎与织女见面的艰辛。而皇家崇尚中华这一传统文化,把天安门前的外金水河比喻为"天河",把天安门以北的皇宫比喻为"天庭",把天安门比喻为"天庭的南天门"。由此,将外金水河流入社稷坛之前的一座石桥命名为"织女桥",位于今南长街南口内;将金水河流入太庙南面的河水上建造的石桥称为"牛郎桥"。现在,牛郎桥已经修复,在菖蒲河西段,织女桥还未修复,作为北京中轴线上的非物质文化遗产,织女桥应该得到完整保护。

在皇城前设计河流通过,既方便皇城用水,又有利于城池防护,同时又增加城楼的美观。中国古代建筑讲究依山面水,景山是紫禁城的倚山,紫禁城的主要宫殿建在景山前向阳区域,必然要有水环绕,金水河就起到了这种理水的作用,使皇宫形成"前有照,后有靠",依山环水的景致。

外金水河流经社稷坛(中山公园)南门、天安门城楼前、太庙(劳动人民文化宫)南门,全长大约500米,河道宽18米,河深约5米[①],河的两岸用大石条垒砌,上面筑有矮墙。在这段河流上共有七

---

① 贾英廷、蔺炳奎编著:《天安门》,中国商业出版社1998年版,第40页。

金水河上的金水桥

座汉白玉石拱桥。其中，五座在天安门前，与天安门城台中的五个大门洞相对应。这五座桥非常有讲究，正中的一座为"御路桥"，桥的护栏石柱上雕有龙凤，是专门供皇帝行走的，这座桥正好坐落在中轴线上，与天安门正中的大门洞相对应。御路桥两边的是"王公桥"，是专门供王公贵族行走的，外边的两座桥被称为"品级桥"，是供三品及以上官员通行的。在社稷坛和太庙南门外各有一座桥，被称为"公生桥"，是供四品及以下官员行走的。这些桥整齐、对称，进一步烘托了皇城的壮丽、威严和美观。

第六节　天安门

天安门为北京皇城正门，亦称"国门"，与正阳门相比，更加突出天子礼仪。天安门建于明永乐十八年（1420），时称"承天之门"，寓意皇权"承天启运"，统治天下是"受命于天"。据史书记载，最早的承天之门不是城楼形式，而是一座黄瓦飞檐三层楼式木牌坊，仿照的是朱元璋在南京修建承天之门的形制。到明正统年间，承天之门被火烧毁，于成化元年（1465）重建，工部尚书白圭在主持重建时，将承天之门改为城楼样式，这样承天之门既巍峨高大，又能防火坚固。明朝末年，承天门再次毁于战火。清顺治八年（1651）重建，名字由"承天之门"改为"天安之门"。今日的天安门基本保持了清朝初年的建筑形制。在文化内涵上，承天门表现皇权的"承天启运"和"受命于天"，而天安门则突出"受命于天"与"治国安邦"的思想，即紫禁城三大殿（太和殿、中和殿、保和殿）都带一个"和"字，外面的皇城四门（天安门、地安门、东安门、西安门）都带一个"安"字，寓意"内和外安"。

天安门城楼为重檐歇山顶，顶上满铺黄色琉璃瓦，两山为红底色，图案大面积贴金，在阳光照耀下显得金光灿灿。城楼下面有高大的城台，城台开五个门洞，对应楼前五座金水桥，与城楼歇山重檐九脊构成"九五"。城楼面宽九开间，进深五开间，也构成"九五"，这些精心设计都是突出皇城正门"九五之尊"。在高大的红色城台下面是大白石块垒砌的须弥座。这种城台源于佛教的建筑台基。现在，北京居庸关云台就是这种城台形式的典型代表。在天安门城台四角还有莲花瓣状的雕刻，也反映这种城台与佛教文化有着交融的关系。城台开五个券形门洞，正中门洞最大，宽 5.25 米，其余四个门洞在大门洞两侧对称排开，门洞宽分别为 4.43 米和 3.83 米，高度也是依次缩减。[①] 这五个门洞也有讲究，中间的大门洞是专门供皇帝行走的，是御路，正好在中轴线上；两侧的大门洞是供王公贵族和三品以上大员行走的；最边上的两个门洞是供四品以下官员行走的。五个门洞中各有两扇朱漆大门，门上有"九九八十一"个纵横交错的鎏金门钉，展现着皇宫大门的气派。

天安门

---

① 万依主编：《故宫辞典》（增订本），故宫出版社 2016 年版，第 2 页。

在天安门金水桥前后，各有石狮子一对，雕刻得十分精细，是天安门的重要装饰物。实际上，中国并没有狮子这种动物，狮子的造型是伴随佛教传入中国而逐渐完善的。天安门前的石狮子无论是洁白无瑕的石质，还是雕刻的精美程度，以及和蔼可亲的造型，都是中国石狮子雕刻技艺中的一流水平。与其他城门不同，在天安门前后还各有一对华表，这是帝王居住地的重要象征。

华表源于古代的"诽谤木"。据说在尧、舜时代，曾在路口立一木桩，让百姓在其上面书写他们对天下的治理是"善"还是"否"。以后，人们将立在路边的木桩称为"诽谤木"，以表示帝王广开言路。久之，"诽谤木"成为帝王居住地和陵寝前不可缺少的标志性饰物。有人研究认为，作为帝王所在宫殿前确定这种装饰的规制是在汉朝开始的，西汉汉武帝时正式称这种装饰物为"华表"。

天安门前后的两对华表，建于明永乐年间，用汉白玉精心雕刻而成，石柱上飞龙缠绕，横卧云板，顶部是圆形承露盘，盘上蹲卧一兽，名为"犼"，是中国古代华表建造中的精品。天安门前面的两只"犼"面向远方，被称为"望君归"，传说是呼唤在外游山玩水的皇帝赶快回来料理朝政。而在天安门后面的两只"犼"面向紫禁城皇宫，被称为"望君出"，传说是呼唤在内宫沉湎于酒色的皇帝应该到外面走一走，看一看民间的疾苦。

天安门作为皇城正门有很多功能，其中"金凤颁诏"仪式在明清两朝非常隆重。所谓"金凤颁诏"，就是皇帝登基、册立皇后等重大庆典时在天安门举行的颁诏仪式。"金凤"是指一种漆成黄色的木盒，上面铺金粉并绘有凤凰和祥云等图案。当皇帝的诏

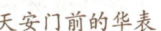

天安门前的华表

第六章 北京中轴线中段南部建筑

书拟好后,由紫禁城午门送出,礼部官员用"金凤"承接,把诏书放在木盒内,然后在鼓乐仪仗的引导下登上天安门城楼。在城楼上东侧已经备有摆放"金凤"的台案,诏书放在台案上后,由宣诏官面西而立,宣读诏书内容。宣读完毕后,再由奉诏官把诏书卷好,放入"金凤"木盒中,用红绳拴上"金凤",从天安门城

清代在天安门举行的颁诏仪式

楼堞口徐徐地放到城下。城下的礼部官员用云盘承接，然后鼓乐齐鸣，将诏书请回到礼部衙署，印制后发放全国各地。

天安门也是近代以来诸多重大历史事件的见证地，1949年的"开国大典"也是在这里举行。

第七章 北京中轴线中段北部建筑

第一节　端门

端门是皇家礼仪之门，位于天安门与午门之间，建于明永乐十八年（1420），是紫禁城皇宫建筑群的重要组成部分。端门的建筑造型、比例结构与天安门相同，分为台基、城台、大殿三个部分。台基为汉白玉须弥座，高出地面1.59米，四周刻有荷花宝瓶图案的汉白玉栏板，栏板之间的栏柱上是雕成莲花瓣状的花饰。城台是用大城砖垒砌的，城砖之间是由白灰膏、江米汁灌浆的实心城台。在城台中间对称开五个券形门洞。中间的门洞最大，门洞的中心正好在中轴线上，与天安门门洞、午门门洞连成一条线。其余四个门洞在中间大门洞的两侧依次排开，与天安门的规制是一样的。

城台上的大殿为重檐歇山顶，两侧有金灿灿的山花。重檐的屋顶覆盖黄色琉璃瓦，有"九脊封十龙"的说法，即正脊一条龙垂脊八条龙，共为九条龙。在正脊与垂脊上共有十个龙吻。龙吻是指宫殿屋顶正脊两端龙头造型的琉璃装饰物，因其造型是张开嘴的龙头，嘴又正对着屋脊，故称龙吻。端门上的龙吻高约3米，宽约2米，重约4吨，为宫殿中的大型龙吻。

城台上大殿面阔九间，进深五间，共有60根红漆楠木大柱子，36扇门窗。门窗均为中国传统的菱花格式。在屋檐下有彩色斗拱，斗拱下面是额枋，额枋上面有金龙彩绘，古称"金龙和玺"彩绘。大殿顶部更是一组组造型为龙的图案。

端门是"天子五门"中不可缺少的一道皇宫大门。据《周礼》

记述，周朝宫室外部作为防御和揭示政令的阙（门）要有五重，即"天子五门"。这五门分别是皋门、库门、雉门、应门、路门。"皋"取其远，门在最外；"库"取其藏，门在二重；"雉"取其文明，门在三重；"应"取其治，门在四重；"路"取其大，门在最里面。明朝在规划营建南京皇城和北京紫禁城时，继承了"天子五门"规制，建有端门。至于端门是五门中的哪一重门，有不同说法。一种说法认为北京皇宫"天子五门"是指正阳门、大明门、天安门、端门和午门，端门在第四重；另一种说法认为北京皇宫天子五门，是指大明门、天安门、端门、午门和太和门，端门在第三重。

端门在各种文献中介绍得比较少。老北京人只知道民国时期的京城大盗燕子李三晚上栖息在端门城楼上，却不知道端门在古代社会的具体作用。在明清两代，皇帝出巡或去坛庙祭祀，在离开皇宫之前，要先登上端门，进行祈祷，希望外出有一个良好的开端。皇帝回来的时候，也要登上端门，进行祈祷，表示有始有终，有一个圆满的结局。在端门大殿内有一口大钟，皇帝出巡或回来时，都要鸣钟，以此增加威严和壮观的气氛，也是出行开端和终端的象征。

还有人认为，端门是等级和礼仪的象征，这话也没有错。端门出现在天子居住的皇宫前面，这本身就是中国封建社会最高礼仪之一。在皇帝进出时，端门中间的大门洞，只有皇帝出行或皇帝大婚的花轿才能走过，而两侧的门洞供宗室王公和三品大员行走，最外面的两个门洞供四品以下官员行走。

端门大殿在明清两朝是存放皇帝出行仪仗的库房。大殿内的仪仗只有在皇帝出行时才抬出来,皇帝出巡回来时又要存放回大殿之内。这些仪仗在1900年八国联军进北京时遭到劫掠,由此,我们今天已经看不见昔日保存在大殿内的完整仪仗了。据有关史书记载,皇帝出巡的仪仗称大驾卤簿,仪仗用品包括的种类有旌旗、伞盖、扇、兵器等。端门现在是全国重点文物保护单位,已于2000年6月对外开放,现成为故宫博物院数字化场所。

端门

第二节 太庙

太庙和社稷坛是对称的,这是中国古代城市规划中讲究的左右对称结构。太庙是宗族和血脉的代表,社稷是国家和江山的象征,这两个因素在中国古代社会里是非常重要的社会要素,为此,在中国古代早期的城市规划中就有"左祖右社"的规制。帝王祭祀祖先的宗庙称太庙,按周制,位于宫城之左。中国传统宗庙制是天子七庙,诸侯五庙、大夫三庙,士一庙,庶人不设庙。汉代则不仅京城立庙,各郡国也同时立庙,其数量达一百多所。再以后,则规定只有天子宗庙为太庙,太庙只在国都设一处。

太庙大殿

北京城的太庙属于中国封建社会晚期的宗庙形制,位于中轴线核心部位的左侧,东长安街北侧,天安门城楼东侧。太庙始建于明永乐十八年(1420),是明清两代皇帝祭祀祖先的场所。太庙为南北朝向的长方形,占地总面积约为139 650平方米[①],主要建筑布局是中心为太庙大殿,也称太庙前殿,黄琉璃瓦重檐庑殿顶,殿身面阔十一间,门窗墙柱均为红色,整座大殿建在汉白玉须弥座台上。须弥座台为三层,每层四周有汉白玉石栏,雕刻精美。可以说,太庙大殿建筑无论是在建筑色彩,还是在建筑形式和建筑体量上,均为中国最高等级的古代建筑。其他建筑是围绕大殿展开的,建筑特点是整齐对称。例如,在大殿前东西两侧各有十五开间建筑在高台上的黄琉璃瓦的配殿。在大殿后面(北面)还有中殿和后殿,均是面阔九开间黄琉璃瓦庑殿顶的大殿。其中,大殿为祭祀场所,中殿和后殿是供奉清朝太祖、太宗、世祖、世宗等皇帝的牌位和神龛的场所。

1924年,太庙开辟为公园,称"和平公园"。1950年,太庙改为北京市劳动人民文化宫所在地,同时作为国家级文物保护单位受到修缮和完整保护。

---

① 北京市文物事业管理局编:《北京名胜古迹辞典》,北京燕山出版社1992年版,第7页。

第三节　社稷坛

社稷坛位于中轴线核心部位的右侧，端门城楼西侧。社稷坛之制自古有之。北京社稷坛是我国现存唯一的封建帝王祭祀社稷的国家祭坛，于明永乐十八年（1420）按照《周礼·考工记》左祖右社规制营建，与端门之左的太庙对称。传说社神是"句龙"，稷神是"弃"，他们是中华民族尝试种植各种农作物的祖先。有关"社"的传说很多，其中之一是在远古时期共工氏有子曰句龙，为后土，后土为社。由此，后人尊"句龙"为社神。有关"稷"的传说内容更加丰富。传说"弃"的母亲是姜嫄，在郊游时踩了巨人脚印后怀孕生下一个男婴，受到氏族的嫌弃，被称为"弃"。"弃"自幼聪颖好学，长大后擅长识别各种植物，种植五谷杂粮，受到人们尊重，被称为"稷"神。

北京社稷坛是明清两代皇帝祈求五谷丰登、国泰民安的祭祀场所。每逢农历二月、八月的上戊日，皇帝要祭祀社神、稷神。祭坛坐北朝南，有矮墙环护，矮墙上面分别铺青（东）、红（南）、白（西）、黑（北）琉璃瓦，象征左青龙、右白虎、南朱雀、北玄武；四面矮墙中间开棂星门；祭坛为三层正方形祭台，每层用汉白玉石栏圈围，中间填三合土，最上层铺垫着五色土，即青土在东，红土在南，白土在西，黑土在北，黄土居中，代表国家东、西、南、北、中五个方位的土地和疆域，同时也象征金、木、水、火、土五行，是大一统封建国家领土的象征。祭坛南面是南坛门，北面是拜殿，

北京中轴线

社稷坛拜殿（中山堂）

现称为中山堂。拜殿后是戟殿、戟门。在祭坛西有宰牲亭、神厨、神库等配套建筑。

1914年，在北洋政府内务总长朱启钤的主持下，社稷坛开辟为城市公园并向社会开放，命名为"中央公园"，这是在北京皇家禁地开设的第一个公园。开辟公园时保留了社稷坛原有文物和古代建筑，同时挖塘引水、堆山种树，建水榭、唐花坞，修建格言亭，开辟卫生教育馆、图书馆、画室等，成为体现文化和艺术特色的纪念性公园。1925年，孙中山先生在北京逝世，其灵柩由协和医院移至社稷坛拜殿，随后举行大型祭祀活动。由此，为了永久性纪念孙中山先生，于1928年将中央公园正式更名为"中山公园"，一直延续至今。

社稷坛内还有一处重要的历史遗迹，那就是"保卫和平"坊。"保卫和平"坊坐落在中山公园南门内，高 10.9 米，宽 17 米，是用白色青石制作的牌坊。清光绪二十六年（1900），八国联军入侵北京城。5 月 24 日，清政府宣战，并照会各国使节，让他们在 24 小时内离京。德国公使克林德无视清政府照会，乘轿去清政府总理衙门时遇到正在巡逻的清军神机营，与之发生冲突并率先开枪，结果被清军恩海击毙。1900 年 8 月，八国联军攻陷北京城，强迫清政府杀害了恩海，还要求清政府在东单北大街上修建与街同宽（17 米）的石牌坊，并刻上光绪皇帝的道歉文字，成为臭名昭著的"克林德"牌坊。1918 年第一次世界大战结束，德国战败，在北京

"保卫和平"坊

市民的强烈要求下，牌坊被拆除，移置到中央公园内。根据协约国提议，改为"公理战胜纪念"坊。1952年，为了纪念在北京召开的亚洲及太平洋区域和平会议，再次将"公理战胜纪念"坊改为由郭沫若先生题写的"保卫和平"坊。

中山公园内的"来今雨轩"是北京红色文化园地。"来今雨轩"位于中山公园内坛墙东南角外，建于1915年，原本是作为俱乐部使用，公园开放后又改为茶楼。其命名出自杜甫《秋述》中的"旧雨来，今雨不来"。其中，"旧雨"指老朋友；"新雨"指新朋友。"来今雨轩"，意在欢迎新老朋友来此聚会。1919年前后，李大钊、鲁迅、张恨水、陈垣、陈寅恪等社会名人曾在此相聚，讨论社会问题、开展学术交流、进行书画义卖等。现今，来今雨轩已经恢复为茶社，游人可在品茗中回味历史与文化。

第四节 午门

故宫午门是宫城（紫禁城）正南门，始建于明永乐十八年（1420），平面呈"凹"字形。午门由古代阙门演化而来，现在的午门广场东西两侧还有阙左门和阙右门。北京紫禁城的午门沿袭了传统宫城正门的建制，如唐朝大明宫含元殿以及宋朝宫城丹凤门的形制。午门自地面至正吻通高37.95米，下面为高12米的城台（与天安门、端门同等高），正中开三门，两侧各有一门，称"左掖门""右掖门"。人们从正面（南面）看午门是三个方形门洞，从背后（北面）看午门是五个圆形门洞，这就是中国古代建筑当中的"明三暗五"与"外方内圆"的手法及运用①。对这一手法，有专家研究后认为，实际上，午门城台应与天安门城台一样，开五个门洞，但是如果按照天安门的做法会显得重复，缺少变化。中国传统文化重在变化，"变化"被称为"法"，就像中国的书法，"书"强调书写的规则，"法"则强调变化。同天安门城台相比，午门"明三暗五"和"外方内圆"的形式既达到开五个门洞的规制，又富有变化，显得午门空间更加深邃，防御体系更加严密。

午门城台上是城楼，正中是重檐庑殿顶，黄琉璃瓦红墙体，九开间，与城台五个门洞形成"九五之尊"的建筑格局。在正殿东西两翼置钟、鼓，在重大典礼时钟鼓齐鸣，是天子城门中的最

---

① 万依主编：《故宫辞典》（增订本），故宫出版社2016年版，第4页。

北京中轴线

高等级。在午门两翼的雁翅城台上各有廊庑十三间，廊庑两端建有重檐攒尖顶方亭式建筑。十三间廊庑有多种说法，一种说法是"十三太保"的象征。这是援引唐朝末年，天下大乱，晋王李克用收有十三个义子，个个武艺高强，并获"太保"头衔。还有人认为，十三间廊庑象征着佛教最高境界。

午门既是举行盛大庆典的活动场地，又是颁朔、宣旨之门，更带有很强的防御功能。在古代社会，午门是皇帝迎接将军凯旋、举行宴会和接受献俘的地方。当有重大活动时，午门上奏响中和韶乐，彩旗飘扬，场面十分壮观。尤其是皇帝迎接大将军凯旋时，尽管将军是八尺高的大汉，未成年的皇帝端坐在午门城楼上仍是俯

午门

视将军和臣民，而臣民只能仰望皇帝，这样的建筑空间设计，极大地维护了皇帝的威严。午门还是每年的颁朔重地。颁朔就是皇帝（天子）于每年秋冬之际将次年的历书昭告天下。历书是指导人们日常生活、农业生产、一年四季变化的重要依据，由皇帝在午门颁布，既体现天的意志，又彰显天子的统治权威。

戏文中常说的"推出午门斩首"其实只是一句戏词，斩首从未在午门外，也不会在午门广场进行。这是因为午门是皇宫中一处庄重肃穆的地方。明嘉靖皇帝在午门外曾经惩戒过大臣，称"午门杖刑"，引起很大风波。戏文中所说的"推出午门斩首"，有文化学者认为这里的午门是一个大的概念，即到出午门以外的刑场去行刑，而这个行刑地点是个固定的场所，不用说大家都知道，明代行刑杀人的固定场所在西四牌楼，清代时迁到宣武门外菜市口，民国后又迁到永定门外沙子口。

北京中轴线

第五节 东华门与西华门

东华门与西华门的建筑形制相同，而且以中轴线为中心，相互对称在紫禁城东西两侧。东华门与西华门的位置均不在紫禁城东西城垣的正中，而是偏南一些。这种安排与紫禁城总体规划有很大关系。紫禁城分外朝和内廷两部分，武英殿、太和门、文华殿构成东西贯穿外朝的横轴，东华门、西华门分别处于这条横轴的两端。如此建筑布局，既便于官员进出外朝宫殿，还可以减少外朝活动对内廷宁静日常的干扰。如果将这一横轴继续向东西两个方向延伸，又可以到达皇城的东安门与西安门。由此可见，东华门、西华门不仅是对称的建筑物，具有整齐、对称的建筑效果，还是连接皇城与宫城的重要交通枢纽。

一、东华门

东华门是紫禁城东门，始建于明永乐十八年（1420）。东华门东向，建筑平面为矩形，下面是高大的城台，城台为红色，城台基础为汉白玉须弥座，正当中辟三座券门，券门洞造型为外方内圆。城台上建有城楼，城楼为重檐庑殿黄琉璃瓦顶，城楼基座围以汉白玉栏杆。城楼面阔五间，进深三间，四周出廊，梁枋绘有墨线大点金旋子彩画。面朝东屋脊檐下有"东华门"匾额，匾额原为满、蒙古、汉三种文字，后减为满、汉两种文字，辛亥革命后只留有汉字。在东华门外设有下马碑石，门内金水河为南北流向，上架石桥一座，

第七章 北京中轴线中段北部建筑

东华门

桥北为三座门。东华门以西是文华殿,迤南为銮仪卫大库。东华门门楼自清乾隆二十三年(1758)始用于安放阅兵时所用的棉甲,每隔一年抖晾一次。乾隆二十八年(1763)三月,皇帝下旨在东华门外护城河边空闲围房中选用70间,设立仓廒,用于存贮太监应领米石,赐名"恩丰仓"。清初,东华门只准内阁官员出入,乾隆朝中期,特许年事已高的一、二品大员出入。清代大行皇帝梓宫、皇后梓宫皆由东华门出,所以民间又俗称其为"鬼门""阴门"。紫禁城的四个城门中,午门、神武门、西华门的门钉均为纵九横九,只有东边的东华门门钉为纵九横八,内含阴数①,相传也与此有关。

---

① 72是阴数、偶数,81是阳数、奇数。

西华门（从里向外拍摄）

二、西华门

西华门是紫禁城西门，始建于明永乐十八年（1420）。西华门西向，不仅与东华门遥相对应，而且建筑形制也基本相同，西华门平面呈矩形，红色城台，汉白玉须弥座，城台当中辟三座券门，券洞外方内圆，门钉为纵九横九。城台上建有城楼，城楼面阔五间，进深三间，四周出廊，梁枋绘墨线大点金旋子彩画。城楼为重檐庑殿顶黄琉璃瓦，城楼基座围以汉白玉栏杆。城门楼主要用于安放阅兵所用棉甲及锭钉盔甲。在西向屋脊檐下有"西华门"匾额。匾额原为满、蒙古、汉三种文字，后减为满、汉两种，辛亥革命后只留有汉字。西华门外也设有下马碑石，要求行人官员到此要下马，以示对皇权的敬重。出西华门，正对皇家园林西苑，即今日北海、中南海，清代帝后游幸西苑、西郊诸园，多从此门出。清乾隆年间，为庆祝乾隆皇帝的母亲六十大寿，制作大型凤辇需出入西华门，以致西华门外石桥上的栏板碍事，被拆除。由此，西华门外的石桥没有栏板，成为一个特点。到乾隆五十五年（1790）乾隆皇帝八旬时，要过万寿节，从西华门以外，经西直门至海淀一带，沿途张灯结彩，搭建彩棚演戏，隆重庆贺。由此可见，在清朝，西华门、西直门，沿长河到颐和园，是清朝皇帝外出活动的重要通道。1900年"庚子事变"时，八国联军攻进北京城，慈禧太后、光绪皇帝一行仓皇出逃也是由西华门离开紫禁城的。

第六节　故宫角楼

故宫角楼位于故宫（宫城）城池四角，为明代宫城建筑，因其造型独特，成为北京城市的标志性建筑之一。

故宫角楼因建筑复杂而更显神秘，是故宫传说中出现最多的古代建筑之一。传说明初朱棣定都北京，开始修建皇宫，提出宫城的修建要比南京宫城更加雄伟壮丽，并且要求在宫城四角修建角楼，这个角楼要像天上宫阙的样子，要有"九梁十八柱七十二条脊"。

工程旨意下来之后，工匠们非常犯难，迟迟拿不出修建方案。于是，皇帝给管工大臣下了死命令，如果三个月内设计不出角楼样式，所有工匠都要砍头。转眼一个多月过去了，工匠们仍然没有思路，又赶上炎炎夏日，他们心急如焚。这一日，工地上来了一个老头儿，吆喝着卖蝈蝈笼子，大家都很烦躁，没心思搭理他。老头儿走后，留下一个蝈蝈笼子，大家一看，笼子编制得很别致，仔细一数，正好是"九梁十八柱七十二条脊"。工匠们再去追赶老人，已经不见其踪迹。于是，人们认为这个老人是中国工匠的祖师爷鲁班现世，这个笼子的出现就是祖师爷鲁班在工匠们危难时的现身指导。当然，这只是一个传说。

故宫角楼的修建，体现了中国古代劳动人民的智慧。如今我们看到的故宫角楼，如果从明永乐十八年（1420）宫城落成算起，至今已有六百多年的历史。这座建筑的平面布局为两个"十"字形相叠的曲尺形，多处为重檐歇山交错的形制，重檐三层，多角交错，四面亮山。顶部正脊十字交叉，正中安放铜制鎏金宝顶。同时，四周环绕汉白玉石柱杆基座，其设计大结构总体中正和谐，局部复杂精密，堪为中国古代设计典范。在颜色上，故宫角楼为歇山顶满铺黄琉璃瓦，墙身、菱花窗扇和大门均为红色，下部为白色基石和汉白玉须弥座，由墩台至角楼宝顶通高 27 米[①]，在蓝天白云映衬下整体建筑庄重美观，已经完全不是城墙上的瞭望哨所，而是皇宫建筑的重要组成部分。

我们观看故宫角楼的最佳位置是在紫禁城的"乾"位，即故宫筒子河的西北角。下午 2:00 至 4:00 是拍摄故宫角楼的最佳时间。根据日照影长影短，冬至前后的下午 2:00 左右，夏至前后的下午 4:00 左右，当金色的夕阳光辉照耀在角楼屋脊上，拍出的照片效果最好。

故宫角楼

---

① 万依主编：《故宫辞典》（增订本），故宫出版社 2016 年版，第 3 页。

第七节　内金水河

内金水河是拱卫太和门前的一条重要河流,与天子居住地前要有一道道城门一样,一条条河流也是不可缺少的。河与城组成一体,才是城池,只是皇城内外的河道设计要更讲究。如果我们仔细观察一下就会发现,外金水河与天安门城楼形成典型的城池关系,向上看是高大的天安门城楼,向下看是作为护城河的金水河。而内金水河是在太和门前宽阔的广场前呈环状流过,突出了河流对广庭的美化和装饰氛围,显得太和门前广场更加壮丽、宽阔和庄严。站在午门正中城楼上看内金水河,河道在广场正中犹如一把弯弓,五座并排的汉白玉石桥犹如弦上利箭,指向东、西、南、北、中五个方位,象征着受命于天的帝王强有力地统治天下。

内金水河的水,由西苑(今北海)引水入宫城护城河(俗称"筒子河")西北角,从暗藏的水门流入宫内,弯弯曲曲地进入太和门广场,然后从东南方位流出,河流呈现蛇身状,在宫城堪舆上形成了"前有照,后有靠,玄武怀中抱"的格局。意思是在宫城前(南方位)有水,在宫城后有山(景山,明称"万岁山"),而明朝在设计宫城布局时,人工堆积的万岁山有长久之意,堪比乌龟,内金水河弯弯曲曲的样子堪比蛇身,组合成玄武(蛇缠龟的造型)。在内金水河到万岁山之间,正好是前朝后寝的皇家宫殿,由此形成玄武怀中抱的寓意。而玄武又被明朝初年下诏修建北京

内金水河

第七章 北京中轴线中段北部建筑

宫城的朱棣视为保护神，由此形成了独特的宫城布局与景观。

内金水河全长约2100米，河床用大石条垒砌，上有汉白玉栏板和望柱，雕刻得十分精细。在河流经过太和门前时形成半圆形河道，正中间设有五座对称的石桥。这五座石桥有讲究，中间的桥最长且最宽，称为"丰桥"，正好压在北京中轴线上。这座桥上的石栏板和望柱雕刻得十分精致、细腻，特别是望柱上的盘龙，有一种呼之欲出之感，一看这就是专供皇帝行走的。两边的桥被称为"宾桥"，是供宗室王公和文武官员行走的。

内金水河在宫城具有实用功能，如防范水、火等自然灾害。当雨季来临时，内金水河是宫城泄洪的主要河道；当干旱少雨时，内金水河又可作为宫城水源的补充,特别是遇到火灾的时候,内金水河更便于人们就近取水。宫城内用于防火的铁缸或铜缸,盛水也取自内金水河。

第八节　故宫前朝与三大殿

故宫在北京中轴线上的建筑分"前朝"与"后寝"。"前朝"由太和门、太和殿、中和殿、保和殿及左右对称的文华殿、武英殿等建筑组成。

一、太和门

太和门是紫禁城中最重要的一座门，说其是门，实际上是一座崇基的殿宇。太和门为重檐歇山顶，黄琉璃瓦，七开间，中间开三门（也有人认为是九开间，包括了两边的夹间）。太和门建筑在石台基上，台基上是丹陛，汉白玉石栏板、望柱等雕刻得十分精细。门前各有大铜狮子一对。这对铜狮子也是中轴线上最威武的狮子。如果细心对比，我们会发现：从正阳门开始，一座座大门前的狮子呈现层层上升的态势。正阳门前的石狮子，造型直立、大气、威武。天安门前的石狮子为汉白玉质地，雕刻精细、华丽。太和门前的狮子，变为铜制，更加威武、雄壮，双眼炯炯有神，透着皇家的霸气。到了乾清门前，你再看那狮子，质地又提升了，是鎏金的铜狮子，造型安详、和谐，充满了生活气息。

太和门始建于明永乐十八年（1420），是紫禁城外朝之正门，名称与紫禁城大殿命名密切相关。永乐年间，紫禁城大殿称"奉天殿"，大门称"奉天门"，又因是大臣们觐见皇帝时必经的大门，也称"大朝门"。明嘉靖年间大殿改称"皇极殿"，大门也改称"皇极

正阳门前石狮子

太和门前铜狮子

天安门前石狮子

乾清门前鎏金狮子

门"。到清顺治年间大殿又改称"太和殿",大门也改称"太和门"。

太和门是明朝"御门听政"的地方。皇帝在此召见内阁大臣,询问朝中事务,处理朝政等。据说,明朝"御门听政"制度很严,听政时朝臣不仅要提早到来,等待皇帝问话,在整个听政期间还不能随便走动,甚至要小声说话,咳嗽也不允许,而且必须严格按品级站立两旁恭候。清康熙年间,为了皇帝就近方便,将"御门听政"移至乾清门前。

第七章 北京中轴线中段北部建筑

太和门

二、太和殿

太和殿始建于明永乐年间,初名奉先殿,明嘉靖年间改称皇极殿,清顺治二年(1645)改称太和殿。太和殿为重檐庑殿顶,殿顶满铺黄色琉璃瓦,面阔九间,进深五间。也有人认为太和殿面阔是十一间,这包括了大殿两边的夹室,算起来为十一间。太和殿是紫禁城内最尊贵、最高大、最重要的宫殿,老百姓称之为皇帝的"金銮宝殿"。

太和殿内有 72 根大柱子支撑巨大的屋脊,其中有 66 根为红漆大柱,另有 6 根蟠龙金柱在大殿正中。每根蟠龙金柱高 12.7 米,柱子直径 1 米,柱上有蟠龙缠绕,柱下用沥粉贴金绘制出海水江崖,气势磅礴、恢宏。在大殿正中的天花中间有蟠龙藻井,形状为倒

太和殿

垂金龙戏珠，这种藻井在世界文化遗产中也是文化珍品。藻井下面正对着的是皇帝的宝座。皇帝的宝座也称"金銮宝座"，这个宝座不仅安放在北京中轴线上，还在太和殿正中的木制台基上。木制台基是须弥座式，中间摆放着皇帝的龙椅，龙椅前面摆设有香炉，还有宝象、甪端、仙鹤等吉祥饰品。这样，不管是谁要拜见皇帝，从走上太和殿开始，就必须仰望着皇帝，而皇帝永远是俯视着臣民。

在太和殿前的丹陛上，东有日晷，西有嘉量，还有铜鹤、铜龟等。日晷是我国古代的一种计时器，人们根据日影的长短和方向来确定每天的时辰。正午时，当指针阴影与指针完全垂直在南北一条线上，视为子午线。嘉量是我国古代的标准量器，也称"官斗"，有方形、圆形两种，是国家统一标准的象征。这两样东西摆在宫殿前面，是帝王统治权力的象征。铜鹤、铜龟则是长寿和长久的含义，象征江山永固，万寿无疆。在太和殿举行大典时，丹陛上香炉内飘出阵阵檀香，弥漫在汉白玉望柱之间，并在铜鹤、铜龟、日晷、嘉量周围环绕，整个宫殿仿佛仙境一般。

说到太和殿前的丹陛，俗称"台阶"或"台基"，也大有讲究。太和殿的台基与中和殿、保和殿台基连为一体，从平面看，呈现"土"字形，表示"普天之下，莫非王土；率土之滨，莫非王臣"。意思是整个天下都是天子的领土，四海之内的人都是皇帝的臣民。在北京城还有一种说法，根据"阴阳五行"学说，认为金、木、水、火、土，中土居正中央，土能生万物，具有长久的生命力。而皇宫前朝三大殿理应在五行正中央，而且应该长久如此。台基为三层，高出地面 8.13 米[1]，而且是层层递高，每层均有汉白玉雕刻的栏板和望柱，非常壮观。尤其是每层台基间的排水系统，在出水处雕刻有龙头，龙口有排水孔，每当下大雨时，雨水从龙头张开的嘴中喷出，呈现千龙吐水的奇观！

太和殿从清朝初年重修到新近的又一次大修，其间大约已有300年的时间，"太和殿"名称未变，镇殿之宝也未变。那么，太和殿内的镇殿之宝是什么？是"符牌"，总计有五个，正中有一个，东、南、西、北四面各有一个。这说明太和殿在东、西、南、北、中五个方位中居正中。"尚中"是中华民族独特的审美与追求，也是北京中轴线的灵魂和文化精髓。

太和殿是皇帝登基、举行盛大庆典活动和向全国颁发政令的地方。每次举行盛大庆典活动时奏"中和韶乐""丹陛大乐"，乐舞演奏和仪仗队伍从太和殿前一直排到太和门外，场面十分壮观。

三、中和殿

中和殿在太和殿正北，为正方形四角攒尖顶建筑，在顶上置鎏金宝顶，为圆形，是故宫建筑中的一颗星。中和殿为黄琉璃瓦顶，殿身为红色菱花窗门。通过观察中和殿的建筑形式，你会发现，在故宫中，特别是在中轴线上，宫殿建筑形式不呆板，突出表现在样式不雷同，每座宫殿建筑都有不同。例如，太和殿为重檐庑殿顶，中和殿为方形单檐四角攒尖顶，保和殿又为重檐歇山

---

[1] 北京市文物事业管理局编：《北京名胜古迹辞典》，北京燕山出版社1989年版，第59页。

顶,这种变化,使三大殿在建筑形式上呈现跳跃式起伏,充满动感,这对今天我们千篇一律地建设方格式楼房,是一种审美的启迪。

中和殿

中和殿始建于明永乐年间,初称华盖殿,明嘉靖年间改称中极殿,到清顺治二年(1645)改名为中和殿。中和殿是皇帝出席大典时休息和做准备的地方,有时皇帝也在此殿召见庆典执事或大臣,询问一些事项。中和殿的主要功能还包括每逢皇帝参拜太庙,到社稷坛、方泽坛祭祀之前,会在此看祝版;皇帝每年去先农坛亲耕会在此查看农具和谷种。这里还是皇帝查看皇太后上徽号、皇室修玉牒（家谱）、观阅奏书的地方。

中和殿最值得看的是"允执厥中"匾，这块匾的文字出自《尚书·虞书·大禹谟》："人心惟危，道心惟微，惟精惟一，允执厥中。"这是舜在告诫禹：人心危险难安，道心幽微难明，只有精心一意，诚恳地秉执其中正之道，才能治理好国家。

这就是说，人的言谈举止要保持不偏不倚的中正之道，坚守诚信。而更深刻的文化内涵是中国儒家文化，坚守中庸之道，正是中和殿秉持的文化理念——中和。从尚中、中心、中原、中正，到中和、中道、中观，其始终是中华民族文化的魂，是中华文化大树的根。

四、保和殿

保和殿始建于明永乐年间，时称"谨身殿"，到明嘉靖年间改称"建极殿"，清顺治二年（1645）改称"保和殿"。保和殿为歇山重檐大殿，上铺黄色琉璃瓦，大殿面阔九间，进深五间，是前朝三大殿最后面的大殿。保和殿在建筑上采用减柱造法，建筑学上称为"减柱造"。这种做法是在建造大的殿宇时，将殿前的金柱或殿后的金柱减去，使大殿室内显得更加宽敞，采光更多，更明亮。

保和殿也是皇帝举行重大活动的场所。清代皇帝多次在保和殿举行宴会，招待外藩使者，以及为公主举办大婚典礼等。然而，保和殿最重要的活动还是皇帝在此举行"殿试"。何谓"殿试"？在中国封建社会，人们要走仕途，除了世袭以外，都要经过考试。明清时期，在经过童试、院试、乡试、会试之后，学子们才有资格参加"殿试"。"殿试"是由皇帝亲自出题，考生在大殿上回答

保和殿

第七章 北京中轴线中段北部建筑

问题。凡是通过"殿试"的考生，又分为三个等级：第一等级可以获得进士及第，但是只有三名，即"状元""榜眼""探花"；第二等级为"进士出身"；第三等级为"同进士出身"。第二、三等级的名额根据实际情况有多有少，数量不确定。凡是通过"殿试"的考生，会被称为"天子门生"。

在保和殿殿后还有大石雕，也称"保和殿大石雕"。这块大石雕是北京中轴线御路上的一件艺术珍品。大石雕来到紫禁城的历史非常悠久。据说，在宫殿还没有修建时，大石雕作为备料已经放到了现在的位置。因三大殿在建造时向南移动了位置，大石雕体积太大，移动到太和殿前已经不方便了，最后只好委屈在保和殿后面。大石雕的石料来自北京西南的房山区大石窝镇。根据专家测算，大石雕在雕琢前的石材至少有300吨重，紫禁城距离大石窝有80多公里，在没有起重机、大卡车的古代社会，人们是怎样把这么重的石材运到紫禁城的？据说，当时搬运巨石的方法就是利用冬季路面结冰时，在巨石下面放上圆木，前面有人来拉动，后面有人推和撬动，不断使巨石运动。为此，沿途要打井泼水，遇到障碍物还要清理拆除，其使用的人力、物力是非常巨大的。这仅仅是搬运过程，雕刻也非同一般。我们现在看到的雕刻已经是清乾隆二十五年（1760）重新做的雕刻，上面的图案是九龙戏珠，衬景是海水纹、云纹和海崖山纹。有关专家评定，这块大石雕是中国古代社会遗存最大、最精美的石雕艺术品。

第七章 北京中轴线中段北部建筑

保和殿后大石雕

第九节　文华殿与武英殿

文华殿与武英殿属于紫禁城前朝范围内的宫殿。在紫禁城中,有"南朱雀、北玄武、左青龙、右白虎"的说法,午门是朱雀的象征,神武门(原称"玄武门")是玄武的象征,文华殿是青龙的象征,武英殿是白虎的象征。文华殿与武英殿以中轴线为中心,两组建筑不仅对称,而且在建筑空间上相互呼应。文华殿、武英殿与紫禁城三大殿的关系相当于一个人的首脑和左膀右臂的关系。故此,有人认为,在建筑布局上文华殿与武英殿是三大殿——太和殿、中和殿、保和殿的左辅右弼。由于在建筑体制上是三大殿的偏殿,所以文华殿与武英殿主要建筑均为黄琉璃瓦单檐歇山顶,有配殿却无廊庑围绕,台基同三大殿相比较,也显得低一些,处于从属地位。

一、文华殿

文华殿位置在东华门内,是一组建筑群。在明朝初年,文华殿是太子读书之所,屋顶是绿琉璃瓦,整体风格体现着书香与文静。到明嘉靖年间文华殿顶改为黄琉璃瓦,仍是太子的读书场所。只是每年春秋两季,皇帝要在这里邀请朝臣讲述儒家经典。在文华殿后有一座小型建筑,叫传心殿,是皇宫内供奉古代圣贤的地方。所谓"传心",就是传承古代圣贤治理国家的心得和经验,让太子学习和接受教育。清朝初年沿袭明代旧制,后因"公开立储"制改为"秘密立储"制,文华殿才变成皇帝会见使臣的地方。到清朝末年,一些国家的使节和代表多次在文华殿被召见,由此,文华殿在清朝末年的外交活动中有一定的影响力。

文华殿,顾名思义与"文"有关,除了是太子学习场所之外,还因其藏书楼——文渊阁而闻名于世。在清乾隆年间,曾发动众多文人抄录和编辑《四库全书》,之后,乾隆皇帝要求仿照浙江海宁范氏藏书楼天一阁的形式,在文华殿后修建文渊阁。文渊阁是青砖黑色琉璃瓦建筑,既有宫廷建筑特征,又有从心理上防火、灭火的色彩效果。整座建筑颜色以冷色为主,显得文雅,特别是彩画图案以水草龙云纹为题材,两山青水砖墙不涂红色,更显得建筑清新可爱。在文渊阁前有小石桥,内金水河迂回东去。太湖石叠山松柏交错,更显得环境清幽恬静,是皇宫建筑群中具有独特风格的建筑。

二、武英殿

武英殿与文华殿相对称,建筑规制大体相同。不同之处是,内金水河从武英殿门前东流,到文华殿则是从殿后文渊阁前东流。在明朝,文华殿与武英殿均是紫禁城的偏殿,并没有显著的文武功能区分。特别是在明朝初年,皇帝曾以武英殿作为斋戒之所,皇后也曾在此接受皇亲国戚、朝官命妇的朝贺。当然,这里更多时候是举办各种文化活动的场所。例如,皇帝经常召集内阁中能写善画的官员在这里编书绘画。尤其是清康熙年间,在武英殿印制的《古今图书集成》和在清乾隆年间用活字印制的《钦定武英殿聚珍版书》等，都充分展示了中华文明和皇家印书水平。其中，清乾隆年间印制的《钦定武英殿聚珍版程式》(《钦定武英殿聚珍版书》之一种)用图文并茂的形式记录了用木活字制作图书的过程，在中国印刷史上占有重要地位。由此，武英殿制作的图书又被称为"殿本图书"，印制的图画又被称为"武英殿本版画"或"殿本版画"。

武英殿确实又与"武"有关。例如，明朝末年李自成进北京，未住进三大殿或后三宫，而是在武英殿处理军国政务。临撤离前一天，他又在武英殿仓促登基称帝。李自成撤离北京后，清军入关，清军的统帅摄政王多尔衮也在武英殿处理军国政务。由此为武英殿增添了更多武将和武事的色彩。

第十节 故宫内廷

以乾清门为界,紫禁城分为南北两个部分,南面为前朝,北面为内廷,也称后宫。人们习惯称之为"前朝后寝"。

一、乾清门

乾清门是皇帝后宫的大门,面阔五间,进深三间,为单檐歇山顶,黄琉璃瓦,在殿宇式建筑下面有高出地面1.5米的须弥座式白石基台。大门两侧有八字墙,与一般民宅不同的是,八字墙高大,为红墙身、琉璃影壁形式,中间有团龙图案,是真龙天子住宅,而普通百姓门前的八字墙为灰墙灰瓦影壁形式,影壁上图案多为牡丹或者荷花,象征富贵吉祥或者和和美美。乾清门前还有鎏金的铜狮子和防火用的鎏金铜缸,从摆设的物件上一看便知是皇帝驻跸的大门。有关门前狮子的样式,乾清门前狮子最为富丽堂皇,品位最为高尚。有关铜缸,在紫禁城中多处可见,是古代宫殿中的防火设施。有人统计过,紫禁城内原有308尊大缸,一般都放置在宫殿前面,称为"门海"。大缸有两种:一种为铁缸,另一种为铜缸,每尊大缸可装水3000多升。铜缸外表鎏金的为最高等级,只摆在重要宫殿和大门前面。

乾清门也称"御门",这是因为从清朝开始,"御门听政"的地点由太和门移到了乾清门。尤其是清康熙、雍正、乾隆三朝,乾清门"御门听政"常年定期举行,到清朝中后期逐渐被废除。

乾清门

乾清门前是一个南北宽 50 米、东西长 200 米的狭长广场，这种设计更加烘托了乾清门的威严气氛。同时，乾清门前广场也是宫城内主要通道和界标，其南为宫殿区域，其北为居住区域，其东为宁寿宫区域，其西是慈宁宫区域。

二、乾清宫

进了乾清门，迎面就可以看见乾清宫。乾清宫面阔九间，重檐庑殿顶，黄琉璃瓦，一看就是典型的皇家正殿建筑，实际上乾清宫也是后宫中最高大、最重要的建筑，建筑形制是重檐庑殿顶，九开间，是帝王住所。

后三宫是指乾清宫、交泰殿和坤宁宫，准确地讲是"两宫加一殿"。"两宫"为乾清宫、坤宁宫；"一殿"为交泰殿，即两宫紧密结合的象征。这三座宫殿也建造在一个"土"字形台基上，但是比前朝三大殿的台基要低。前朝三大殿的台基高 8.13 米，而后宫三座宫殿的台基高仅有 2 米。这就从视觉上感觉三大殿高，后三宫低，出现一个强烈的起伏变化。但在人们游览紫禁城时并没有产生太大的起伏之感，这就是建筑设计的奥妙之笔。尤其是当人们登到景山顶上的万春亭前，就能强烈感觉到这种奥妙的实际作用。从景山向南望去，只见一片金灿灿的宫殿屋脊，犹如龙脉（龙的身体），却看不见宫殿的墙身和人员活动，这就是传说中的"砂锅底"式建筑。这种巧妙的安排与主要宫殿的建筑高低、台基高低有着密切关系，更增加了皇宫建筑的安全感和神秘感。

后三宫与前朝三大殿在台基上还有一处不同，那就是一进乾清门，我们就会踏上一条砖石甬道。这条甬道宽 10 米，长 50 米，不仅把人们的视线引向乾清宫正殿，而且不用再上下台阶。因为是专供皇帝行走的，也正好在中轴线上，可以说这条甬道是中轴线上御路最突出的部分。

在甬道东西两侧，还有故宫中规格最高、建筑最小的宫殿，名"江山社稷金殿"。"江山殿"在东侧，"社稷殿"在西侧。"江山"是指国家的江河、山川，寓意国家政权、统治；"社稷"是指谷神、土地，寓意国土、粮食。江山社稷的根本就是百姓吃饭、生活等民生问题。两座建筑始建于清顺治十三年（1656），均为铜质攒尖宝顶宫殿建筑，上圆下方，象征着天圆地方。两座建筑高度为 1.4 米，矗立在石台上，台分三层，通高3.5米。石台为汉白玉，雕刻有滔滔江水，既是紫禁城内最小的宫殿建筑，又是紫禁城内带有镇物性质的建筑。其文化源于《周礼·考工记》中提到的"左祖右社"，一左一右拱卫在乾清宫东西两侧。

在文化内涵上，后三宫也有说法。明永乐年间修建皇宫时，是按中国文化传统，天为乾，地为坤。"乾"为阳刚，代表男人，在此地就是皇帝；"坤"为阴柔，代表女人，在此地就是皇后。由此，将后宫前殿命名为乾清宫，后殿命名为坤宁宫，分别表示是皇帝和皇后的居室。到明嘉靖年间，为了表示后宫中皇帝和皇后的和谐、美满，又根据《易经》中"天地交泰"一说，在两宫之间修建了交泰殿。这样，就形成了前朝有五殿，后寝有两宫加一殿的格局。①

说到乾清宫，宫内的"正大光明"匾不能不说。此匾由清朝初年顺治皇帝亲笔题写。到康熙晚年，因立太子一事让他大伤脑筋，同时还引发皇子对太子之位的争夺，出现"步步惊心"的局面。雍正皇帝继位后，针对前朝暴露出来的皇位继承权的明争暗斗，改"公开立储"制为"秘密立储"制，即皇帝在活着的时候，不公布皇位继承人，而是将皇位继承人秘密书写在诏书上，藏于"正大光明"匾后面，待皇帝驾崩后，由大臣取下诏书，公布皇位继承人人选。由此，乾清宫又成为清代"秘密立储"制度诞生地。

---

① 明嘉靖皇帝重修三大殿后将其名称分别改为皇极殿、中极殿和建极殿，再加上文华殿、武英殿，总计五殿。两宫加一殿，即乾清宫、交泰殿和坤宁宫。

第七章 北京中轴线中段北部建筑

乾清宫

三、交泰殿

交泰殿也是方形的亭式建筑，面阔与进深均为三间，上为单檐四角攒尖顶，最上面是鎏金宝顶，黄色琉璃瓦，下面是红色墙身和门窗，与中和殿的区别在于其亭式建筑没有外廊柱，属于封闭式的亭式建筑。在明代，这里也是皇后的寝宫，但是皇后一般不住在这里。交泰殿保存着清代的皇家玉玺、自鸣钟和古代的计时器——铜壶滴漏。另外，在北京城市建筑风水学上，交泰殿又是阴阳交合的穴脉，位置十分重要。

交泰殿

四、坤宁宫

坤宁宫始建于明永乐年间,为重檐庑殿顶,黄琉璃瓦,面阔九间,进深三间,分东西暖阁,正门移到东次间,为皇后的寝宫。到清代对坤宁宫房屋布局做了调整,按满族习俗将东面的房间改为暖阁,作为皇帝大婚的洞房,将西边的房间改造为祭祀场所。清代有四位皇帝在此举行过婚礼,分别是康熙皇帝、同治皇帝、光绪皇帝及逊帝溥仪。我们参观坤宁宫时会发现,坤宁宫的窗户是直棂吊窗,窗户纸糊在窗外,用的是保温、透气的高丽纸,与其他大殿的菱花格式固定的窗户完全不同,这也是清朝入主紫禁城后,按照满族人在东北地区生活居住的习俗而做的改动。

坤宁宫

第七章 北京中轴线中段北部建筑

第十一节 东六宫与西六宫

东六宫与西六宫是北京皇宫（紫禁城）建筑的重要组成部分，在象天设都中①，东、西六宫就是十二星辰。老百姓爱讲皇帝有"三宫六院"，一般认为三宫是指正宫、东宫、西宫；而六院是指在东宫、西宫各有六处院落。北京城的正宫为坤宁宫，东宫、西宫就是东六宫与西六宫。三宫，从建筑布局上讲是皇帝退朝后的生活区域，而实际上，无论是东六宫，还是西六宫，只要是皇帝活动过的地方，就有权力斗争。由此，东六宫与西六宫在中国古代历史长河中，不断演绎着惊心动魄、扣人心弦的宫闱斗争故事。北京皇宫内的东六宫为钟粹宫、承乾宫、景仁宫、景阳宫、永和宫和延禧宫；西六宫为储秀宫、翊坤宫、永寿宫、咸福宫、长春宫和启祥宫（太极殿）。②

东六宫与西六宫是对称的，这种对称是以乾清宫、交泰殿、坤宁宫这一中轴线上的正宫建筑为依据。在建筑布局上，东六宫与西六宫中间的每一个宫殿都是广深各50米的方形院落格局，采用的建筑手法都是一正两厢、两进的院落，体现着中国古代城市方正的住宅建筑格局和棋盘式的街道特征。

东六宫简称"东宫"，西六宫简称"西宫"。在东宫居住的皇妃也称"东宫娘娘"；在西宫居住的皇妃也称"西宫娘娘"。清朝

---

① 象天设都，就是效仿宇宙天象对城市进行布局。
② 不同时期、不同文献对东西六宫表述略有不同。

中后期，曾出现两宫皇太后垂帘听政的现象。这两宫皇太后就是东宫慈安皇太后和西宫慈禧皇太后。其中，东太后慈安住在钟粹宫，西太后慈禧住在储秀宫。另外，东六宫中的延禧宫也非常有名，因为在延禧宫内有一座西洋建筑，即民间流传的"水晶宫"。据说，在清道光年间延禧宫曾遭雷击而毁坏，于是到宣统年间，清朝统治者决定建造一座不怕火烧的宫殿，之后一座以汉白玉、玻璃为主要材料的"水晶宫"开始修建。西六宫中的长春宫比较出名，宫内墙壁上有十八幅与墙齐高的《红楼梦》壁画，据说壁画大约成形于清光绪年间。

第七章 北京中轴线中段北部建筑

第十二节　御花园

　　御花园为宫城的后花园,这也是中国皇宫的传统建筑形式。从南向北进御花园,人们首先看到的是"人"字形树,然后是天一门。

　　天一门是中轴线上建筑体积最小的一道门。"天一生水",天一门这个名称告诉我们,这座门与道家文化有关,与北方之神玄武有关。每年立春、立夏、立秋、立冬四个节气,皇帝要在钦安殿设道场,同时在天一门内设坛焚香,祈祷玄武之神(北方水之神)

天一门

保佑皇宫消除火灾。在古代社会，由于宫殿建筑集中，又多是木结构，没有现代化的防火设施和避雷设施，火灾是皇宫中最大的一种灾害。明朝从修建紫禁城开始，就不断发生火灾烧毁宫殿的事件。为此，将玄武大帝的祭祀场所放在中轴线上，一直到清朝也没有改变。这说明，明清两朝对宫城火灾都极为重视，对火的克星——掌管北方之水的玄武更是非常尊崇和敬畏。

钦安殿位于故宫御花园正中，始建于明永乐年间，为明初营建紫禁城时的重要建筑之一，也是明代在中轴线上唯一的宗教建筑。钦安殿坐北朝南，建筑在高台之上，面阔五间，进深三间，黄琉璃瓦重檐盝(lù)顶①。何为"盝顶"？就是在殿顶上有一个长方形的小池子，人们也称之为"天池"，最适合建筑在祭祀北方之神——玄武的大殿顶上。

钦安殿内为祭祀道教之神的场所，供奉的主神是玄武大帝，也称玄天大帝、玄天上帝。玄武为北方之神，有着龟蛇合身之形。按中国传统文化五行学说，北方属于水，水为黑色。又传说，玄武是玉皇大帝派到北方镇守的神灵，是道教的护法神之一，故此殿内玄武的造型为脚踏龟蛇，手持宝剑的武士打扮。据传，在朱元璋平定天下和朱棣夺取皇权的过程中，玄武之神都曾显像相助，所以在明初皇宫建筑布局中要敬玄武之神，而且要在紫禁城北面居中的位置修建钦安殿。由此，玄武又成了皇宫中的保护神。

---

① 盝顶，是一种非常少见的古代建筑形式，屋顶上不是一条横脊，而是由四条脊组成的一个小长方形，俗称"天池"。钦安殿顶为重檐盝顶，在顶上"天池"正中置鎏金宝顶，是级别很高的建筑形制，也非常适宜作玄武大帝的道场。

北京中轴线

钦安殿

据说，在明朝初年修建紫禁城的同时，也集结了大批民工、建材，修建了武当山上供奉玄武大帝的紫霄宫宫殿。明嘉靖年间紫禁城中起了一场大火，有太监看见玄武之神出现在钦安殿东北角，调动北方之水灭火，并在钦安殿东北角台阶上留下两个脚印，这个传说更增添了钦安殿的神秘色彩。据说在钦安殿前的石刻上还能找到一些附会的依据。例如，在石刻中就雕有鱼、鳖、蟹、海妖、海马和水怪等。

顺贞门在紫禁城御花园最北面，是在北宫墙正中上开三门的形式，因其门正好位于中轴线上，也具有代表性。顺贞门的门外为东西向长街，北与神武门相对。此门为内廷通往神武门的重要通道，只是在皇后外出去先蚕坛躬桑祭神时大门才开启，其他事由均走旁门。然而，皇宫定期选来的秀女要进此门，并在此门前面排队候选。由此，每当如花似玉的少女们列队来到时，沉寂的御花园后墙就会热闹起来，出现一道亮丽的选秀风景线。

第十三节 神武门与北上门

神武门原称"玄武门",始建于明永乐十八年(1420),清康熙年间重修。神武门为城楼式建筑,下面有高大的城台,中间开门洞,与午门、东华门、西华门的门洞一样,是外方内圆的结构。城门楼为重檐庑殿顶,黄琉璃瓦覆盖,面阔五间,与午门城楼九开间形成"九五"。在清朝,皇帝外出去西苑、皇后去先蚕坛、皇帝迎娶嫔妃和备选秀女等均走此门。在神武门上还置有钟鼓,皇帝不在宫城时会报时,击鼓鸣钟,提示宫内人员坚守岗位,平静安宁。神武门在明代称"玄武门",改名称是因为康熙帝名"玄烨",按中国封建社会的避讳制度,与皇帝名字相同的字号都要避免,故将"玄武门"改为"神武门"。

"神武"的文化内涵与"玄武"有相同之处,又有不同之处。"玄武"为北方之神灵,自古以来,皇宫都是按照上天的方位(南朱雀、北玄武)来确定,北门命名均为"玄武门"。唐朝初年发生的"玄武门之变",其地点必定在宫城后门。而"神武"是皇家直接指挥的御林军后军之称谓,也有护卫宫城之寓意,一般称皇家御林军为"神武之师"。

为了进一步明确故宫方位,方便游客旅游观光,2021年1月30日,北京公交集团将位于故宫北门外的"故宫"公交车站改名为"神武门"站。

原在神武门北面,还有一道门名为"北上门",位置在神武门与今景山南门之间。北上门坐北朝南,面阔五间,为单檐歇山式顶,

第七章 北京中轴线中段北部建筑

神武门与大石桥

黄琉璃瓦，楠木结构。据考证，北上门是北京中轴线上最早的城门，而且早于故宫（紫禁城）的修建，有可能是金代大宁宫的南大门——紫宸门。元代大内（宫城）外没有护城河，是用夹垣加强护卫，大内外夹垣的门称为"上门"，夹垣北门命名为"北上门"。1925年，故宫博物院成立后，北上门一度成为故宫博物院正门。这座城门在皇城中起到的作用是连接紫禁城北门与景山南门，既是宫城外的二道门，又是景山的一道门。由此，当年从景山万春亭向南眺望，北上门是一眼就能看到的城门，是皇城龙脉的重要节点。1956年拓宽景山前街时，北上门被拆除。

北京中轴线

第十四节　景山

　　景山，是紫禁城的靠山，又是著名的皇家园林。景山，明代亦称"万岁山"，以至景山现在还保留有万岁门、山里左门和山里右门，其中万岁门（正南门）坐落在中轴线上，是景山皇家禁苑的正门。景山南门坐北朝南，面阔五间，进深三间，红墙身，黄琉璃筒瓦，歇山顶。景山南门南对故宫神武门，北对景山绮望楼，两侧红色宫墙相连，那是皇家园林的围墙。景山历史文化景观有绮望楼、五方佛堂、寿皇殿、崇祯皇帝自缢处、

景山南门

观德殿等。

一、绮望楼

绮望楼位于景山向阳一面的山脚下，位于中轴线上，建造于清乾隆十五年（1750），坐北朝南，为歇山重檐顶，黄琉璃瓦，三楹五开间，二层楼式，楼前建有三出陛月台，四周有汉白玉石栏板，楼内供奉孔子神位。在乾隆年间，景山前面是皇家办的官学场所，在绮望楼东南侧原有八旗子弟学校，今已无存。"绮"有艳丽、美妙的意思，取名"绮望楼"，意为这里是登高远眺、观赏美丽景致的好地方，这座楼也确实是景山一处美丽的景点。

景山绮望楼

二、万春亭

景山万春亭坐落在景山主峰，是景山标志性建筑，也被誉为北京中轴线上的制高点，为京华览胜处。景山由五座山峰组成，传说是根据佛祖的五根手指修建。而实际上是明朝修建紫禁城时，用拆除元皇宫建筑的渣土和挖紫禁城护城河的泥土堆砌成山，取名为"万岁山"，俗称"煤山"，成为京城压胜前朝的镇山和新城宫城（紫禁城）的倚山。到清顺治十二年（1655）又改名为"景山"。更名"景"字是有讲究的，"景"由"日"和"京"组成，含义是"日下京城"，"日"代表皇帝，日下的京城正是皇帝所在地。

清乾隆十五年（1750），在景山上修建了五座山亭式建筑，并在五座山亭式建筑内置五方佛（正中方位毗卢遮那佛、东方阿閦佛、西方阿弥陀佛、南方宝生佛、北方不空成就佛）。五座山亭式建筑从东向西分别为"周赏亭""观妙亭""万春亭""辑芳亭""富览亭"。其中，万春亭居中峰，平面呈四方形，三重檐四角攒尖顶，黄琉璃瓦覆顶绿剪边，宏伟壮观。观妙、辑芳两亭相对，为重檐八角攒尖顶，翡翠绿琉璃瓦覆顶，黄琉璃瓦剪边。周赏与富览两亭相对，两亭为重檐圆形攒尖顶，均以孔雀蓝琉璃瓦覆顶，紫晶色琉璃瓦剪边。

现在，景山已经开辟为公园，园内广植树木、花草，在万春亭内恢复了毗卢遮那佛铜像，人们不仅可以登山参佛，还可以登高远望，观看四方景致，特别是南北城市中轴线的景观，从中可感受到身临城市中心的环境氛围。

景山万春亭

三、寿皇殿

寿皇殿始建于明万历年间，是供奉皇室祖先的场所。每年的先皇忌日和每月初一，皇帝会亲自来此处祭祀。据史书记载，寿皇殿最早建筑在景山中轴线偏东的位置，清乾隆十四年（1749）移到景山北面，坐落在中轴线上。

现存寿皇殿是一组完整的祭祀建筑群，布局严谨，建筑华丽。其中大殿是仿照太庙大殿建造的。大殿为重檐庑殿顶，黄琉璃瓦，红色殿身，面阔九间，进深三间，前后带廊，殿前有月台，东西两侧有配殿，还有御碑亭、井亭、神厨、神库。寿皇殿前面为寿皇门，也是殿宇式建筑。寿皇门前面是建造在院墙上的三座门，均为券门。在三座门前面还有一对石狮子和三座牌楼。

寿皇殿曾作为北京市少年宫活动场所。2013年，北京市少年宫搬进新址后，寿皇殿开始按照原址、原样、原材料、原工艺进行大修，现已对外开放。寿皇殿作为北京中轴线上重要景观，呈现在中外游客面前。

北京中轴线

寿皇殿南门

从景山北望寿皇殿

第八章 北京中轴线北段建筑

第一节　地安门与雁翅楼

地安门是皇城后门，明称北安门，俗称厚载门，亦称后门。清顺治八年（1651）改称地安门，九年（1652）重修。地安门为单檐歇山顶，黄琉璃瓦，红墙身，面阔七间，进深三间，中间开三门，方形门洞。在北京皇城墙中，南面的三座城门（大清门、长安左门、长安右门）为圆门洞；北面的三座城门（东安门、西安门、地安门）为方门洞，表示天南地北、天圆地方。地安门位置在今地安门十字路口，作为北京中轴线遗址建筑，正在进行田野调查和文化遗产保护规划等工作。

地安门雁翅楼是北京中轴线上的知名景观。雁翅楼始建于明初永乐年间，位于地安门内东西两侧，为二层楼室建筑，面宽各十三开间，黄琉璃瓦顶，建筑造型如大雁张开双翅，故名雁翅楼。雁翅楼为清政府内务府满、蒙古、汉三旗公署。1954年，雁翅楼被拆除；2012年，雁翅楼作为北京历史文化名城的标志性建筑被恢复；2015年，中国书店古籍店在此落户，成为北京中轴线上知名的古代建筑修复后活化利用的场所。

第二节　万宁桥与地安门外大街

万宁桥位于地安门外大街到鼓楼的中间位置。万宁桥始建于元代，因在大庆寿万宁寺前面而得名，又因在什刹海（元代俗称"海子"）东侧，元代时也俗称"海子桥"。另一说是在大庆寿万宁寺修建前为木桥，故称"海子桥"。另外，万宁桥还因在皇城后门（地安门）外面，又俗称"后门桥"。因万宁桥位于中轴线上，位置十分重要，与中轴线上的"天桥"南北呼应，又有"地桥"之说。

万宁桥为单孔汉白玉石拱桥，长约34.6米，宽约17米，桥面

万宁桥

用大块石铺砌，中间微拱。桥的两侧建有汉白玉石护栏，雕有莲花宝瓶等图案，雕刻古朴大方。20世纪50年代石桥面铺设沥青，河道被填平，桥身下半部也被掩埋在路基之下，仅存桥两侧的栏板。2000年，北京市政府对万宁桥进行了整治修缮，按原式样补修了桥栏杆，疏通了河道。

据说，在20世纪50年代，后门桥曾出土石鼠一对，在桥两侧与正阳门瓮城内石马组成北京城市中心的"子午线"——鼠在地支中为"子"，马为"午"。另一传说是桥下有一石柱，上面刻有"北京城"三字，每当夏季雨水多的时候，水位上涨到"北京城"三字时，就表明北京的水多了。为此，在北京流传着这样两句话：

万宁桥镇水兽

"火烧潭柘寺，水淹北京城。"

万宁桥在元代还是通惠河进入海子水域的闸口。元朝初年，规划修建大都城时，引北部昌平和西山白浮泉水入城，又向东南通州张家湾修通了原长82千米（现长20千米）的通惠河，沿着大运河北上的漕船过万宁桥，直抵元代积水潭码头。

地安门外大街北起鼓楼，南至地安门，东连南锣鼓巷，西邻什刹海，全长约780米。地安门外大街是中国典型的商业街，又是北京中轴线上历史最悠久的街市，是元大都城规划时"前朝后市"中的后市，西侧紧邻元大都积水潭码头，当年有着舳舻蔽水[①]的场景。现在，这一地区还有三条街巷可寻：白米斜街（重点看"会贤堂"）、烟袋斜街（重点看"十字街"）和鼓楼西大街。

第八章 北京中轴线北段建筑

---

① 舳舻蔽水，指水面上首尾相接的船只几乎把水面覆盖了。

第三节　鼓楼

鼓楼在元代已有，是楼台式木结构建筑。明永乐十八年（1420）重建鼓楼，样式保留至今。鼓楼占地面积约7000平方米，为单体木结构楼阁式建筑，重檐歇山顶，上铺灰筒瓦、绿琉璃瓦剪边。楼体为木结构拱券式楼阁（外观两层，实为三层，第三层为暗层），通高45.7米，第二层为木结构面阔五间，楼下面约有4米高的城台，东西长约56米，南北宽33米[①]，使鼓楼显得体量大，雄伟壮观。

鼓楼

---

① 北京市文物事业管理局编：《北京名胜古迹辞典》，北京燕山出版社1989年版，第93页。

鼓楼是北京老城中心区的高大建筑，也是计时、报时中心。古代计时用"铜壶滴漏"。铜壶设在二楼"漏壶室"。清乾隆朝以后，铜壶滴漏被搁置，改用"时辰香"计时。每日报时用鼓。鼓设在一层，有1面大鼓，24面小鼓，总计25面鼓。大鼓用来报时，亦称"更鼓"，24面鼓用来报一年24个节气。1900年，八国联军入侵北京城时，鼓楼内的鼓均遭到毁坏，尤其是报时的更鼓被联军中的日籍军官用刺刀捅破，成为八国联军在北京城留下的罪证之一。

一、铜壶滴漏

铜壶滴漏，简称"滴漏"，也有文献称"漏壶""漏刻"，是我国古代主要的计时器之一。中国古代有三种计时器物：日晷、时辰香和滴漏。日晷制作简单，但阴天、雨天和夜晚无法使用；时辰香耗费大，还需要有人看守；滴漏计时准确，但制作复杂。滴漏起源甚早，《周礼》中已有记载，以后历代不断改进，到唐朝时已经有比较完备的四级制滴漏。北宋景祐三年（1036）研制成功保持漏壶水位平衡的平水壶（滴漏中的一个重要程序），大大地提高了滴漏的计时精度和准确性。由此，在元、明、清宫廷中一直沿用滴漏计时。古代北京有两处安放滴漏之处，一处在紫禁城交泰殿，另一处在鼓楼。目前，鼓楼已经恢复了报时鼓和节气鼓的陈列，并定时进行击鼓表演，同时复制了铜壶刻漏。新仿制的刻漏分为天池、平水、万分、收水四个部分。天池在最上面，为方形、储蓄水壶；平水和万分也是方形，为中间的滴漏壶；最下面的是收水壶，为圆形。

鼓楼是中国古代用以司时（报告岁时）的公共性建筑。钟和鼓原本都是古代祭祀的乐器，后来发展为报时用具。到了汉代，已经有"天明击鼓催人起，入夜鸣钟催人息"的"晨鼓暮钟"制度。佛教传入中国以后，根据佛教寺院作息要求，又改为"暮鼓晨钟"，一般在寺院主体建筑前面，左面安排钟楼，右面安排鼓楼，这两个建筑左右对称。而在城市建筑布局中，一般在城市正中的位置建有钟楼、鼓楼，或合二为一的钟鼓楼，用钟鼓之声报时和规定城市的作息时间。我们说的时间，也就是古人说的光阴，是天体运行的结果，所以鼓楼又被称为"齐政楼""抚辰楼""通天塔"等。

二、鼓楼鸽哨

老北京人最爱逛鼓楼集市，那儿有"红墙黄瓦老皇城，青砖灰瓦四合院；豆汁焦圈钟鼓楼，蓝天白云鸽子哨"。鸽哨是北京中轴线上活态的文化符号，与之相关的建筑是高大的钟鼓楼和成片的胡同四合院。在蓝天白云映衬下，成群的鸽子在鼓楼上空飞翔，发出阵阵鸽哨声，北京中轴线一下子就有了韵味。

中国南北方都有鸽哨，最早文献记载见于《宋史》，即西夏军队用鸽哨发出围攻信号的记载。南宋已经有人专门从事鸽哨生产与贩卖，到清朝末年，北京鸽哨品种之多、制作之精，在全国都很少见。北京鸽哨能成为一种文化，与北京达官贵人多，以及饲养鸽子多等地域特征有关，尤其是制作鸽子哨（亦称"鸽铃"）讲究，终成为一种文化现象。例如，北京文化名人王世襄先生就是鸽哨爱好者，并著有《鸽铃赋》。

鸽哨的主要制作材料是葫芦和竹子。除此之外，还有晒干的橘子壳、核桃壳、银杏果壳等。制作前，要将竹筒、葫芦刮削得薄、匀、透亮，用手一摸如鸡蛋壳才好。哨口和发音口更为重要，要精工细磨，可以一边试音一边修饰。从 2013 年开始，鸽哨制作技艺陆续被列入《北京市市级非物质文化遗产名录》。

鸽哨绑在鸽子的哪个部位也是有讲究的。一般人认为绑在鸽子的腿上的方式是错误的。经了解，鸽子带哨要经过分羽毛、捆绑尾羽、插入鸽子哨、调整位置这四个环节。由此可知，鸽哨是绑在鸽子的尾部。

在钟鼓楼地区，至少有四家是饲养鸽子的住户，尤其是家住旧鼓楼大街的史永涛，是养鸽子的专业户。他从小就喜欢看鸽子、养鸽子、训鸽子、轰鸽子，更喜欢听鸽子在空中飞翔时发出清脆的鸽哨声。这种声音，象征着北京这座城市的吉祥与和平。

第四节　钟楼

钟楼是明永乐十八年（1420）修建的，另一说法认为是在元大都钟楼旧址上重建的。钟楼原为木结构建筑，后毁于大火。现存样式为清乾隆十年（1745）重建。重建钟楼占地约6000平方米，主体建筑为重檐歇山顶，黑琉璃瓦绿剪边，无梁拱券式砖石结构，周围有汉白玉石栏杆。钟楼高47.95米[①]，是北京中轴线上最高的建筑，如果说鼓楼是"通天塔"，钟楼就是离天最近的建筑。钟楼下面为砖石台基，使钟楼更显得高耸、俊俏。有专家研究钟楼的形体造型后认为，钟楼就像一方石印，稳稳地扣在中轴线末端，犹如中国画长卷绘制完成后，结尾的工序是题款、加盖印章。

钟楼内大钟很有名，为明永乐年间铸造，是那个时代中国冶炼技术的代表性作品。钟楼的大钟最早是铁质的（该钟现存大钟寺），后更换为明永乐年间铸造的大铜钟。钟的主要功能是报时，兼有报警的作用。北京史学家还认为，钟楼在中轴线北端，既有报时的作用，还是明朝皇权定鼎北京的象征。

钟楼内的大钟出自鼓楼西大街的铸钟厂，传说铸钟师傅为铸好永乐大钟，牺牲了女儿的生命。为附会这种民间传说，在钟楼西边还建有"铸钟娘娘庙"（现已毁）。有关钟楼的报时，老北京人也有一种说法，称："紧十八，慢十八，不紧不慢又十八。"这里

[①] 陈文良主编：《北京传统文化便览》，北京燕山出版社1992年版，第205页。

说的"紧"和"慢"讲的是敲钟的频率，或称节奏。三个"十八"正好是五十四下钟声，敲击两遍，正好是一百零八下。

现在，北京高大建筑物多了，城市噪声也加大了，敲响鼓楼钟声似乎也听不到了。而在古代社会里，北京多是胡同与四合院，悠扬的钟声能传遍京城。北京城门的开启与关闭，老百姓宅家作息，在很大程度上都会根据钟楼的钟声来判断时辰。

因为钟楼是北京中轴线上最高的单体建筑，要想拍摄好就要和钟楼拉开一定距离。"不识庐山真面目，只缘身在此山中。"拍摄钟楼景观有三个角度：一是仰望钟楼的视角，可以选择在钟楼前小广场南侧，也就是鼓楼背后正中的地方，钟楼建筑居中，上

第八章　北京中轴线北段建筑

钟楼

北京中轴线

半部要留有天空和白云,拍出钟楼与天的和谐关系。二是平视,地点在烟袋斜街西口,南是银锭桥,西是鸦儿胡同,向北看是重点,顺着小石碑胡同的尽头看钟楼,可以拍摄钟楼与北京胡同的景观。三是在什刹前海水面上,在东北方位能看到鼓楼在前、钟楼在后,近处有水的倒影,可以拍摄到钟鼓楼全景的照片。

鼓楼、钟楼示意图

第九章 北京中轴线与传统文化

第一节　左右对称的审美文化

春秋时期，楚人伍举论美时说："夫美也者，上下、外内、小大、远近，皆无害焉，故曰美。"对称，即是这种美的呈现，内外、左右皆均匀妥帖，相互照应，和谐端庄。

作为中国古代都城，最早出现对称结构的是城门，最早强调对称结构的建筑群是太庙和社稷坛。

城门对称，是因为理想的城市设计为方形，前后左右的城门是对应的，尤其是城市中轴线形成后，不仅城门对称，皇城与宫城的城门也强调对称。以北京城为例，若以永定门、正阳门、天安门、午门至神武门、地安门等为中轴线，外城、内城、皇城和宫城的城门都是对应或呼应的。细数一下，外城左安门与右安门对称，广渠门与广安门对称，东便门与西便门呼应。内城崇文门与宣武门对称，朝阳门与阜成门对称，东直门与西直门对称，德胜门与安定门对称。皇城长安左门与长安右门对称，东安门与西安门相互呼应，宫城东华门与西华门对称。

北京城的太庙和社稷坛被称为"左祖右社"。"左祖右社"的规制早在《周礼·考工记》中就有明确记载，太庙和社稷坛是北京城规划建设中最重要的左右对称结构，然后有东单与西单对称，东四与西四对称，东庙（隆福寺）与西庙（护国寺）对称，文庙（孔庙）与武庙（关岳庙）对称等。

进入北京老城，以南北中轴线为中心，左右对称的建筑比比皆是。如果由南向北行进，首先映入眼帘的是天坛、先农坛两片对称的皇家祭祀建筑群。然后到达内城正门——正阳门，门前的石狮子是对称的，过去正阳门瓮城内寺庙是对称的（东为观音庙，西为关帝庙），闸楼以及闸门①也是对称的。进入正阳门城楼，在昔日的棋盘街东西两侧，有一对牌楼是对称的，这就是在正阳门与中华门之间御路两边东西向的古街道，原称江米巷，后称交民巷，同时以中轴线（御路）为界，东称"东交民巷"，西称"西交民巷"。在东交民巷西口有一座牌坊，名"敷文"牌坊；在西交民巷东口有一座牌坊，名"振武"牌坊。这两条街是对称的，两座牌坊也是对称的。

进入皇城和宫城，整齐、对称的建筑或建筑群体就更多了，越是进入皇宫，越有着集中展现。例如，从南向北进入皇城第一道门——明称"大明门"，清称"大清门"，民国后称"中华门"，立刻就会看到东西（或称左右）对称的千步廊、左右对称的长安左门和长安右门。从天安门到端门，东西两侧的建筑也是对称的，到达紫禁城，首先东华门与西华门是对称的。在紫禁城内，有些建筑，不仅整齐、对称，而且相互呼应。还有些建筑，只有将左右两个对称的建筑整合到一起，才能看明是一个完整的主题。例如，在午门前面，有阙左门与阙右门，这两座门是对称的。在太和门前，有协和门与熙和门，这两座门是对称的。在太和殿前，有体仁阁与弘义阁，这两座建筑是对称的。在中和殿前，有中左门与中右门，

---

① 古代北京内城有九座城门，每座城门在瓮城墙开闸门洞一个，上面有闸楼一座；只有正阳门在东西瓮城墙上各开了一个闸门，并有闸楼两座，也是相互对称的。

这两座门是对称的。在保和殿两侧，有后左门与后右门，这两座门是对称的。在乾清门前，有景运门与隆宗门，这两座门是对称的。在乾清宫庭院两侧，有日精门与月华门是对称的。

在紫禁城中，还有一些建筑是对称的——文华殿与武英殿，东六宫与西六宫。进入御花园，建筑的整齐对称与相互呼应达到高潮。御花园内楼、台、亭、阁、轩、馆、斋、堂有20余座，几乎囊括了中国园林建筑的所有形式。其中，最突出的还是对称式的建筑布局，一个鲜明的特色是以中轴线上的钦安殿为中心，左面布置有堆秀山、摛藻堂、凝香亭、浮碧亭、万春亭、绛雪轩；右面布置有延晖阁、位育斋、玉翠亭、澄瑞亭、千秋亭、养性斋。在这些建筑中，堆秀山上的御景亭与延晖阁是相互呼应的；摛藻堂与位育斋各为五间平房建筑，是相互对应的；浮碧亭与澄瑞亭都是四角攒尖顶的方亭，是相互对称的；万春亭与千秋亭是相互对称的；绛雪轩与养性斋不仅相互呼应，而且一个建筑平面呈"凸"字形，一个建筑平面呈"凹"字形，在对称中形成了阴阳互补关系，非常经典。另外，御花园内的东西井亭也是相互对应的。

可以说，正是明代御花园内整齐对称的建筑布局，又引发了清乾隆皇帝的审美创造，在紫禁城后面的景山上对称修建了五座山亭式建筑。景山上的五座山亭式建筑又把北京城市整齐、对称的格局推向了极致。

有人研究北京中轴线上的桥梁，发现桥梁也讲究对称。早年间，天桥是天子出巡行走的桥，老百姓不能走，在天桥两侧曾经有对称的两座木桥，供百姓和商贾出行使用。正阳桥是三座并排的大石桥，左右两座是对称的。天安门前金水桥是五座，有四座是对称的，两边的公生桥还是对称的。再向外的天安门东面的牛郎桥与天安门西面的织女桥也是对称的。在北京中轴线北段，还有东不压桥与西压桥是对称的，东板桥与西板桥也是对称的，等等。

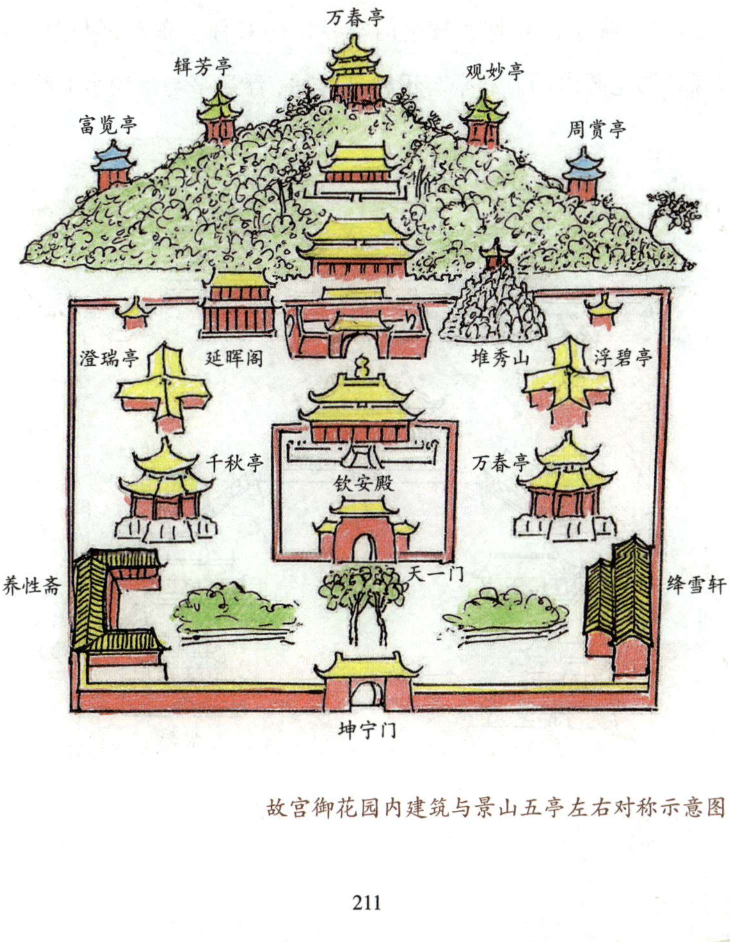

第九章 北京中轴线与传统文化

故宫御花园内建筑与景山五亭左右对称示意图

北京城及中轴线上的对称还有规律可循,即左东右西,左上右下,左文右武,左仁右义,左阳右阴,左春右秋,等等。那么,北京中轴线上对称建筑的核心在哪儿?在故宫,在故宫中轴线上的"前朝后寝"中。太和殿前面的建筑就讲究左右对称,即文楼(体仁阁)与武楼(弘义阁)对称;沿着对称线向外伸延,文华殿与武英殿对称;再向外伸延,崇文门与宣武门对称,象征着皇家统治,左文右武,天下太平。从太和殿至乾清宫,对称不再是向外扩展的延伸,而是整齐地对称在中心的左右。例如,景运门与隆宗门对称、日精门与月华门对称、东六宫与西六宫对称;御花园内的万春亭与千秋亭对称、浮碧亭与澄瑞亭对称等。

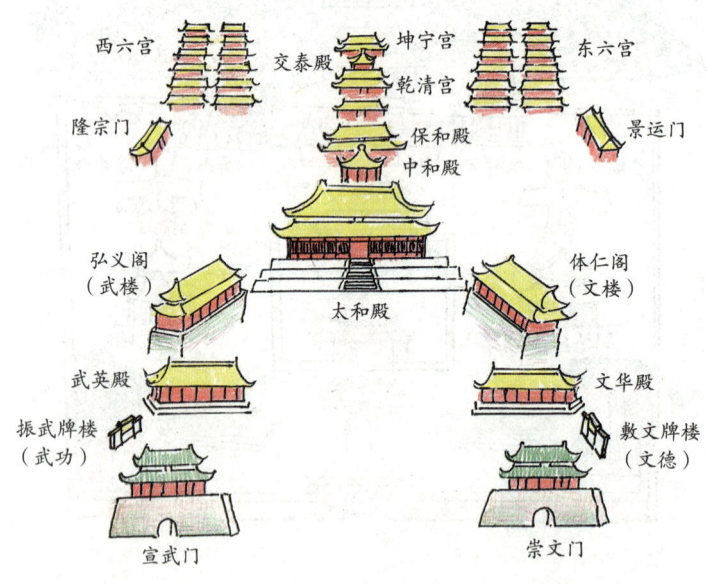

以故宫太和殿为中心左右、文武、仁义对称示意图

第二节　五行、五镇、五色的传统文化

北京城"藏风得水，五行不缺"，这是古代堪舆学家对北京城的赞誉，也是古代北京城市规划和设计的目标。在中轴线上，有些建筑的位置正好与中华传统五行学说关系密切，其中有两处最为突出。

一处是紫禁城内三大殿（太和殿、中和殿、保和殿）建筑在三层通高 8.13 米的汉白玉石基座上，从空中俯视，三大殿的石基座呈现一个"土"字形。这个"土"字形，既表明天下的土地都是天子的，同时又表明这是天下的正中、五行的正中[①]。

另一处反映五行特点的是中轴线上的景山。景山与北京城"五镇"的传说关系更密切。"五镇"是指北京城的五处镇物。这五处镇物分别为城东的神木、城西的大钟、城南的燕（烟）墩、城北昆明湖东岸的铜牛，以及城市中央的制高点——景山。在与自然界打交道的过程中，古人根据对自然界的观察，分析和归纳出金、木、水、火、土这五种物质，以及这五种物质相生相克的规律，即金生水，水生木，木生火，火生土，土生金，周而复返。同时又提出金克木，木克土，土克水，水克火，火克金，周而复返。古人把这五种物质运动的规律称为"五行"。

金、木、水、火、土除了具有相生相克关系之外，还分别代

[①] 指金、木、水、火、土，土居正中央。

表五个方位，就是用金、木、水、火、土分别对应西、东、北、南、中。其中，东方为木，南方为火，西方为金，北方为水，正中间为土。为了计时和排序方便，我国的劳动人民又结合农业生产和日常生活总结出干支纪年，对金、木、水、火、土分别安排了对应天干、地支的顺序。天干为甲、乙、丙、丁、戊、己、庚、辛、壬、癸，也称十天干；地支为子、丑、寅、卯、辰、巳、午、未、申、酉、戌、亥，也称十二地支。十天干对五个方位，正好是二对一。

由此，在运用五行对五方位和五镇物上，人们这样归纳：东方甲乙木，南方丙丁火，西方庚辛金，北方壬癸水，中央戊己土。东方甲乙木，在老北京人心目中就是广渠门外东1公里皇木厂内的"神木"[①]；南方丙丁火，是说永定门外"燕（烟）墩"，象征古代的烽火台；西方庚辛金，是说北京大钟寺的永乐大钟，是明代冶炼技术和佛经雕刻的精华；北方壬癸水，是指颐和园昆明湖东堤的铜牛，与昆明湖水相得益彰；中央戊己土，在北京人的心目中就是景山。

北京中轴线上的建筑还注重颜色搭配，这种颜色搭配也展现出五行与五色的关系。北京中轴线上突出的颜色是红、黄、蓝、白、黑。

黄色居中，体现在皇城、皇宫中的建筑，大面积使用黄色琉璃瓦。

同时，所有宫殿、城楼坐北朝南，均为红色墙身、红柱子。

蓝色为最尊贵的颜色，用来敬天，位置是北京中轴线东侧，

---

① 神木原为一株巨大的楠木，并有乾隆御笔《神木谣》佐证，现藏于北京市朝阳区文物管理部门，新的标识在北京通惠河畔庆丰公园内有展陈。

包括天坛圜丘坛矮墙、蓝琉璃瓦顶，皇穹宇建筑屋顶，尤以天坛祈年殿三重檐的蓝琉璃瓦最为突出。

白色体现在石台基、石华表和石狮子，最大的石台基是通高 8.13 米的故宫三大殿石基座，最大的石雕是保和殿后面的大石雕，最突出的建筑是人民英雄纪念碑。

黑色在北方，钟楼为歇山重檐瓦顶，黑瓦、绿琉璃瓦剪边。北京中轴线上还有一处黑瓦、绿琉璃瓦建筑，是先农坛内的太岁殿。

由此可见，北京中轴线中间突出"丹韵"，外围是"银律"，而其中间主要遗产点有红、黄、蓝、白、黑五种尊贵的颜色，为其色彩的突出特征。

第三节　阴阳和谐的理气文化

在中国传统文化中,特别强调"气"的运用。"气"在《说文解字》中的解释为:"气,云气也。象形。凡气之属皆从气。""气"的本义是指自然界中的云气。东汉王充在《论衡·自然》中又进一步提出"天地合气,万物自生",认为"气"是构成世界万物的本原,也就是说,天地万物都是由宇宙间的元气构成。由此,"气"就成为传统文化,特别是堪舆学关注的因素之一。在中国传统文化中,一般认为,东南来风为"吉风",也称祥瑞之风;西北来风为"烈风",是凶煞之风。对一座城市来讲,南面来风为阳气,北面进风为阴气。城市建筑布局藏风聚气为兴旺发达的迹象,散风泄气为衰败的标志。对于一座城市来讲,人们讲究"聚气",而且认为"聚气"不仅使城市兴旺发达,还可以使其固若金汤。否则相反。

在中国传统文化中有"紫气东来"一说,也强调东南方向——风和日照,对人和事物有好的影响。例如,树上生长的果子,位于东南方向的果子日照充足,水分多;位于西北方向的果子,日照少,并受西北风的侵袭,果子不仅小,还有斑点。由此可以看出,自然环境对人和事物是有影响的,方向决定了风向、日照、气温等因素,这些因素就是传统文化中讲究的"气"。

由刘秉忠设计的元大都城非常注重"气"的聚积。元大都城正面(南面)开三个城门,后面(北面)开两个城门,和《周礼·考工记》描述的周王城每面开三个城门不一样,这与其设计者刘秉忠对传统文化的"理气"理念有关。本来元大都城是严格按照周王城规定的礼制思想来设计的,例如,皇城位居中央,前朝后市、左祖右社等。但是,考虑到北方建都的城市,要阻挡西北来的"烈风",要聚集东南来的"吉风",就要考虑到城门的设计。如果南北都是三个城门,就会形成穿堂风,不聚气。而当南面是三个城门,北面是两个城门,而且位置相互错开,环境就不一样了。当阳气(吉风)从大都城南面的丽正门进入,沿着中轴线北行,经过皇城、宫城,到达中心阁形成聚气,同时北面不是正对城门,而是高大的北城墙,聚集的阳气就会回转环绕而不泄出,形成上升的状况。如果城门正对着城门,就会破坏"藏风聚气"的传统文化理念,转为衰败的状况。

明北京城继承了元大都城的城市设计思想,不仅保留了元大都城的棋盘式格局,还继承和部分利用了元大都城的城墙与城门,并有新的发展。继承部分表现在明北京城北面的城墙向南推移五里后,仍然保持开两个城门——安定门和德胜门;南面的城墙向南推移两里后,仍旧保持开三个城门——正阳门、崇文门和宣武门。这样,就使从南面正阳门吹进的阳气经过中轴线北行后,受到北面高大的城墙保护,形成回荡上升之气。同时,由于北城墙开两个城门,与南城墙开的三个城门不对应,冬季强劲的西北风也不容易侵袭北京城内的阳气。同时,明北京城进一步理顺阳气,使其在城市中心聚集、生成、上扬,这就是由紫禁城和万岁山(今景山)组成的中国传统堪舆学的"前有照,后有靠"理念。

明北京城的万岁山是由挖河(筒子河)堆山形成,在中轴线上起到理气作用。当从正阳门吹进的阳气,沿着中轴线到达万岁山前形成回荡时,阳气在山(万岁山)水(内外两条金水河)环绕的紫禁城形成聚集、上扬,必然使紫禁城所统治下的江山社稷长治久安,蒸蒸日上。

紫禁城中间的太和殿集中体现了中国传统文化的设计理念。意大利学者路易吉·戈佐拉教授在《凤凰之家:中国建筑文化的城市与住宅》一书中指出:"紫禁城太和殿的皇帝宝座几乎放置在皇宫的正中,差不多也与北京城的中心相重叠,这里是中国乃至宇宙的理想中心。根据风水理论的解释,这里是宇宙三才(天、地、人三个生命要素)的相交点,当然应该坐着被称为天子的皇帝,这位现实世界中唯一能够参理三才的人。那个地方是风水师借助实地勘察和一些秘笈确定的文明空间中最为理想的宇宙中心,能够使人的行为与万物之源的气产生和谐。"①

北京城是一个整体。但是在道学家眼里有着朴素的辩证法思想,认为任何事物都是一分为二的,都存在正负、阴阳,而且两者是互补的,和谐为最佳状态,北京城也不例外。今日的北京城是元代大都城奠定的基础,而大都城的设计者刘秉忠是一位儒、释、道学家,有着深厚的道学基础,由他设计的大都城将阴阳互补理念融入其中。而这种划分,就是以城市中轴线为依据的。

刘秉忠规划元大都城,依水定城市中轴线,以水为阴,以木为阳,将大片水域归划在城市西部。元大都城市中轴线的起点为

---

① [意]路易吉·戈佐拉著,刘临安译:《凤凰之家:中国建筑文化的城市与住宅》,中国建筑工业出版社 2003 年版,第 31 页。

城南的丽正门。何谓"丽正"？《周易·说卦传》解释："离也者，明也，万物皆相见，南方之卦也。圣人南面而听天下，向明而治，盖取诸此也。"由此可见，古代"离"与"丽"通，"丽"则明也；同时，以北城门为阴，为了减少阴气涌入，特别少开了一座城门。明朝初年，修建北京都城，将城南正门改为"正阳门"，"正阳门"与"丽正门"在文化内涵上可以说是一脉相承。由此，元大都城和明初北京城都是以南城门向北延伸的城市中轴线为依据，城市以东为阳，以西为阴，阴阳互补。中国道家认为，阳代表春天，阳气上升，春光和煦；阴代表秋天，阴气浓重，万物萧条。

在元大都城规划时，在城东北面有一座城门，名"光熙门"，其名称的文化含义是日光出生在东方，阳气开始上升，人世间兴旺繁荣；在元大都城西北面，对应的城门则是"肃清门"，其名称的文化含义是日落西方，阴气上升，万物歇息，一片肃静，或解释为深秋之气，万物将藏，萧条肃清，展示了明显的阴阳划分和对称互补。在紫禁城御花园东西两侧，东有万春亭，西有千秋亭，也是上述文化脉络的延伸。

由于坐落在中轴线上的皇宫及皇帝的宝座是坐北朝南，君临天下，东面的方位就成了皇帝宝座的左面，西面的方位就成了皇帝宝座的右面。皇帝上朝的时候，文官站在左面，武将站在右面，这是因为在国家兴旺发展时期，突出文治。中国文人的代表是孔子，孔子强调"仁"；中国武将的代表是关羽，关羽突出"义"。由此，北京城的阴阳布局还展现在左与右、文与武、仁与义、日与月、凸与凹的相互对称或互补上。例如，正阳门东为崇文门，西为宣武门；

紫禁城内东有文华殿，西有武英殿；在太和殿前面，东有体仁阁，西有弘义阁；在乾清宫前面，东有日精门，西有月华门；在乾清宫前两侧门外，东有崇仁门，西有遵义门；在紫禁城御花园东西两侧，东有"凸"字形建筑绛雪轩，西有"凹"字形建筑养性斋，等等。

明清北京城，中轴线更加突出，雄踞城市正中。由此，中轴线又成为驾驭北京城市阴阳的轴把。北京城因为有中轴线而显得阴阳关系更加明显。例如，明嘉靖年间，北京修建了天、地、日、月的专门祭祀场所，代表"阳"的建筑——日坛（朝日坛）被修建在城市东面的朝阳门外，代表"阴"的建筑——月坛（夕月坛）被修建在西面的阜成门外。同时，在中轴线上，也注意天地及阴阳的和谐互补。在紫禁城内，午门代表阳，神武门（明称"玄武门"）代表阴；前朝三大殿代表阳，后庭两宫加一殿为阴，而在后庭中乾清宫代表阳，坤宁宫代表阴，交泰殿则是阴阳和谐的象征；前朝后寝宫殿也代表阳，御花园代表阴，宫殿建筑与园林呈阴阳互补的态势。到清朝，乾隆皇帝更是一位审美专家，他命人将天、地、日、月祭坛重新修缮一遍，并且统一色调，真正做到"红而不艳、黄而不焦、白而不燥、蓝而不飘"，使围绕以紫禁城为核心的城市中轴线四面的皇家祭祀建筑色彩统一、色泽和谐。

第四节　古代天象文化

中轴线位居城市正中，太和殿位于皇城正中，太和殿中的皇帝宝座又位于大殿的正中。这一切，都是古人效法天象的结果。按古人的划分，天上的星空分为东、西、南、北、中五个部分，东、南、西、北四大星区用动物命名就是四象，即东方苍龙、西方白虎、南方朱雀、北方玄武。每一象又分七宿，总计二十八宿，而在星空的中央区域又分为上、中、下三个星垣，即太薇垣为上垣，紫薇垣为中垣，天市垣为下垣，中国神话传说中的"上天"或玉皇大帝，据说居住在紫薇垣，这是古人视野中的天体星空的正中心，又被古人理解为"中宫""天宫""紫宫"。由此，天的儿子，即地上（人世间）的皇帝也理应对应人世间的中心，这个中心就是被确定的都城中心——皇城，皇城的中心——紫禁城，紫禁城的中心——太和殿，太和殿的中心——皇帝宝座。另外，紫禁城南面的端门，其名称也取自紫薇垣正门的名称。紫禁城南有午门（也称"朱雀门"），北有神武门（也称"玄武门"），东有东华门，西有西华门，这也是仿照天体四方。在乾清宫东有日精门，西有月华门。在皇城南面有天安门，北有地安门。城市南郊设天坛祭天，城市北郊设地坛祭地，城市东面置日坛祀日，城市西面置月坛祀月，都是在表明天南地北、日升月降的天体变化。其中，最集中体现天地、日月、星辰的要数故宫的后宫——乾清宫、坤宁宫象征天地；两侧的日精门、月华门象征日月；东六宫、西六宫象征十二星辰。

皇城、紫禁城的整体布局体现着古人的天象观。在天安门前有金水河，河的东西两端分别有牛郎桥、织女桥，而天安门以北的皇宫就是天庭的象征。同样，紫禁城内每一处建筑都可与天河上的星座挂钩，例如文华殿是文曲星，东西六宫是十二星辰。最为突出的是模拟北斗七星的建筑——七个攒尖建筑的宝顶，从南向北，有午门左右两侧的四座攒尖宝顶，再加上中和殿、交泰殿、景山万春亭上的攒尖宝顶，总计七个，象征北斗七星，与北京中轴线象征子午线一样，展现着天地日月的运行规律，达到天人和谐统一。

故宫皇帝宝座也体现着古人的天象观。皇帝宝座建在高台上，

故宫、景山建筑组成北斗七星示意图

上面是上圆下方的藻井，因其正中间雕刻有精美的盘龙，也称"龙井"。"上圆下方"的造型表明：上是天，下是地，天圆地方。紫禁城的皇帝宝座被认为是天地人三才的中心点。古人认为，天有天道，地有地道，人有人道，能兼三才之道者，即能将天、地、人全面考虑的人，只有封建帝王。另外，帝王能与天通话，因其是天的儿子，君权是上天授予。在明朝修建的祈年殿，曾经有三种颜色——上蓝、中黄、下绿。有人认为，这是古代帝王希望总揽天、地、人三才的具体展现。其中，蓝色代表天，黄色代表地，绿色代表人。这样的建筑，只能出现在皇家祭天的园林中。可惜的是，这一景观现在已经看不到了，清乾隆皇帝认为祭天、地、日、月的建筑颜色应该统一。由此，他将祈年殿顶统一改为蓝色，以示人对天的敬畏之心，同时也使天坛内的祭祀建筑在颜色上达到统一和谐。

第五节　吉祥的瑞兽文化

在北京中轴线上，还有很多祥瑞之兽，简称"瑞兽"。这些瑞兽有龙、凤、犼、狮子、麒麟、甪端、大象、仙鹤、乌龟、蚣蝮（gōng fù）、天马、海马、押鱼、狻猊、獬豸、斗牛、神猴等。

龙是北京中轴线上出现最多的祥瑞之兽，故宫更被称为"龙窝"，其看点有位于宁寿宫前的九龙壁以及保和殿后的九条蟠龙大石雕，这两件珍贵的艺术品一横一竖保存在故宫中。另外，太和殿殿顶的龙藻井，下面对着龙椅；乾清宫龙屏风上有东、西、南、北、中五方龙，中间的是盘龙；在故宫雨花阁建筑的屋顶上则有四条腾飞的龙。

凤也是祥瑞之兽，凤的出现多依附于龙，有和玺彩画中的龙凤呈祥、皇后的凤冠等，最值得看的是交泰殿的凤在上、龙在下。

犼在天安门前的华表上，有"望君出"和"望君归"的俗称。

狮子的数量仅次于龙，多放置在城门、院门前。有关狮子的造型，我们可以从中轴线由南向北说起。首先映入眼帘的是城门前的狮子，永定门前有一对狮子，这是一对新做的石狮子，为了突出永定门城楼作为北京中轴线南端点的标志性建筑。实际上北京中轴线上的狮子是有讲究的，主要表现在礼仪秩序上。永定门是外城正中的城门，位置很重要，但是按照封建等级制度，还是要内（内城）、外（外城）有别，永定门的石狮子在北京中轴线城门前的狮子中应该是最小的，与正阳门前的石狮子要有天壤之别。在北京中轴线上，最威武的是正阳门箭楼前的那对石狮子,最讲究的是天安门前的石狮子,最高等级的是太和门前的铜狮子,最富丽堂皇的是乾清门前的鎏金狮子,最有特色的是寿皇殿前的塌腰狮子。

鎏金的麒麟、大象在钦安殿前后可以看到,是祥瑞的象征。

甪端一般摆放在帝王御座前面,是辨别忠奸、曲直的瑞兽。

仙鹤、乌龟在太和殿前,烘托的是统治长久、江山永固的祥瑞氛围。

寿皇殿前塌腰狮子

北京中轴线

景山前石狮子

钦安殿前铜麒麟

第九章 北京中轴线与传统文化

北京中轴线

太和殿前仙鹤

太和殿前乌龟

第九章 北京中轴线与传统文化

蚣蝮用在桥梁雁翅或左右两侧，为镇水之祥瑞。

太和殿垂脊的脊兽与其他宫殿不一样。一般皇家宫殿垂脊上的脊兽最多有九个，即在骑凤仙人之后有龙、凤、狮子、海马、天马、押鱼、狻猊、獬豸和斗牛，而太和殿垂脊上的脊兽却是十个，分别是龙、凤、狮子、海马、天马、押鱼、狻猊、獬豸、斗牛和行什，它们排列成一行，犹如玉皇大帝的御林军——天兵天将。其中，"龙""凤"象征皇家的富贵与吉祥；"狮子"为百兽之王，象征皇家的威严与神圣不可侵犯；"天马""海马"象征皇家威德能通天入海；狻猊是传说中的一种猛兽，能食虎豹，象征皇家威武和征服一切；"押鱼"可以兴风作浪，呼风唤雨，灭火消灾；"獬豸"也是传说中的异兽,能辨曲直,用独角顶撞坏人、佞臣,象征皇家正大光明、办事公正;"斗牛"勇猛、忠厚,敢于斗争,象征皇家优秀品质;"行什"为长着一对翅膀可以飞翔的猴子,这种猴子生性聪颖、灵活,象征皇家充满智慧。在民俗中还认为猴子是雷公脸,是雷神的化身,可以防止皇宫大殿受到雷击,有防火灾之功效。

故宫慈宁宫青铜凤

钦安殿后鎏金铜象

第九章 北京中轴线与传统文化

第六节　神秘的数字文化

北京中轴线全长7.8公里。老北京人对路程、距离习惯用"里"，也称"华里"来表述。例如，北京城有"二里庄""三里屯""八里桥""十里堡"等地名，一里地是500米，两华里为1公里。北京中轴线用北京人的表达是"十五里地儿"。经测量，十五里地儿是北京中轴线比较准确的南北距离。其中，以正阳门为界，向南至永定门为六里地儿；向北至钟楼为九里地儿。这么一来就有学问了，"九"为奇数，也是阳数，而且是个位数最大的阳数，在传统文化中代表天；"六"为偶数，也是阴数，符合《洛书》"天一生水，地六成之"的理念，在传统文化中代表地。9+6=15，正好是天地之和。由此，我们可以看出古人的精心设计：从永定门到正阳门，是外城，是地上，是人世间；从天桥向北到正阳门前，是越来越明显的集市；从正阳门到钟楼，是内城、皇城、宫城，更是皇帝所在地，可谓天上人间。从正阳门开始，是长长的御路，而且借北京地势步步登高，太和殿是皇权至高无上的殿堂，景山是北京老城的制高点，钟楼是北京中轴线上的最高建筑。这些高点在古代社会，就是与天最接近的地方，甚至古人认为它们是人与天对话的最佳地点。

在正阳门城楼内展厅的地面上，有铸铜罗盘和正阳门经纬度关于南北中轴线的距离标识，非常值得一看。这个标识以正阳门城楼中心点向南至永定门，标识数字为3100米，向北至天安门为908米，向北至太和殿为 1843 米，向北至钟楼为 4648 米。这些数据告诉我们古人对数字文化的设计，非常讲究。

北京中轴线全长 7.8 公里，定型于明代，明代的"一里"，有人说相当于 576 米，也有人说是 554 米，总之，比 500 米多一些。从正阳门到永定门为 3100 米，应该是六个 500 米多一点，符合明代"六里地儿"的标准。从正阳门到钟楼，是 4648 米，符合明代"五九四十五"，也就是五个九，体现天子之城的九五之尊。其中，最精心的设计是正阳门至天安门，是 908 米，也符合明代设计"一九"的要求。由此，我们了解到北京中轴线外城长度是按六的倍数设计，内城长度是按九的倍数设计。九和六在北京民俗文化中是吉祥之数，六代表顺利，九代表长久，是北京中轴线上最具特色的两个数字。①

说到九，"前门楼子九丈九"是北京老百姓最熟悉的话语，很多人认为这不过是一句俗语戏说，用来形容前门楼子高大雄伟。正阳门管理处原主任郭豹研究员对此做了研究，他通过清朝末年袁世凯上书修建正阳门城楼的奏折及实地测量，证实"前门楼子九丈九"不是虚指，而是实指。从正阳门城楼（不算城台）柱础往上量，一直到最高处的鸱吻高度为九丈九尺四寸。

说到九，2020 年高考数学试卷中有一道关于天坛圜丘坛的试题：

---

① 郭豹主编，北京市正阳门管理处编著：《巍巍正阳——北京正阳门历史文化展》，北京燕山出版社 2014 年版。

北京中轴线

北京天坛的圜丘坛为古代祭天的场所,分上、中、下三层,上层中心有一块圆形石板(称为天心石),环绕天心石砌9块扇面形石板构成第一环,向外每环依次增加9块,下一层的第一环比上一层的最后一环多9块,向外每环依次也增加9块,已知每层环数相同,且下层比中层多729块,则三层共有扇面形石板(不含天心石)(　　)。(2020年全国Ⅱ卷)

A. 3699块　　B. 3474块

C. 3402块　　D. 3339块

正确的答案是C,即3402块。

圜丘坛

天坛皇穹宇

第九章 北京中轴线与传统文化

说到九和六，天坛和先农坛一左一右分布在北京中轴线两侧，用"门"讲明了礼仪制度。天坛居东，是皇家敬天的祭坛，突出九门，即在外坛墙的西面开祈谷坛门、圜丘坛门，在内坛圜丘坛、祈谷坛开七天门，共计九门。其中，成贞门既做了圜丘坛后面的天门，又成为祈谷坛前面的天门。而先农坛居西，是皇家祭祀先农、太岁的祭坛，在外坛墙只在东面开太岁坛门、先农坛门，在内坛开四天门，共计六门。这样的设计布局在宣示天地之别：祭天、祭太岁与祭先农礼仪规制不同，但两坛左右呼应，呈现对称、和谐的景观。

说到"六"，北京中轴线上最有特色的地方有三处：

北京中轴线

　　第一处是故宫钦安殿前的数字建筑和图案，其建筑为天一门，图案为殿前山水江崖上的六条龙，展现的是《洛书》中的"天一生水，地六成之"。

　　第二处是三百六十米的天坛神路，展现的是二十四节气变化，从天坛成贞门开始步入神路，正中为御道，但这条御道不是给皇帝走的，而是给天神走的。天神是什么？是天体运行规律，是一年三百六十天（农历）以及产生的二十四节气。这条神路全长三百六十米，相当于我们走过了一年三百六十天后，走向祈年殿。

　　有经验的小学老师带孩子们走神路时，会在每十五米处做一个标记，表示一个节气。如第一处是立春，最后一处是大寒，之

天坛神路

后迎接新年。通过行走做标记，让孩子不仅能够了解天坛文化的内涵，还可以熟悉二十四节气。

第三处是万宁桥到正阳门的距离大约是三千六百米，这又是放大十倍的一年时光，难怪人们说，北京中轴线相当于太阳子午线，统领着天地、日月、人世间年轮的变化。

最后，再说一说北京中轴线北端钟鼓的敲击声数是一百零八下。有关钟鼓的敲击频率，有人认为是源于佛教，认为佛珠讲究一百零八个，朝珠讲究一百零八颗。北京地区从辽、金、元至明、清，佛教文化发达，从皇室到平民，信众广泛。佛教文化认为，敲击一百零八下是因为人世间有一百零八种烦恼。而在佛教寺院中，每敲击一下钟声就会减少一种烦恼，由此，钟楼、鼓楼敲击为一百零八下。事实上，北京钟鼓楼击鼓鸣钟一百零八下与佛教无关，这是在给城市报时，通过时光联系天体运转与人们的生活。

在故宫午门前、太和殿前都安放有日晷。日晷是通过太阳光照射指针的阴影来计算时间刻度的。由此，古人将时间称为光阴，而且认为"一寸光阴一寸金，寸金难买寸光阴"。对光阴的计时在鼓楼里就有"时辰香""铜壶滴漏"等。在报时上也有讲究，要"紧十八，慢十八，不紧不慢又十八"，合起来是五十四下，敲两遍，正好是一百零八下。这一百零八下讲的是光阴（时间）、节气和物候。具体内容是一年有十二个月、二十四节气、七十二候（一候五天），加在一起为一百零八。钟鼓声每敲一下，时光就会流失一分，人们要珍惜时间，按时作息。

第七节　围合空间文化

对空间的认识，是人类发展进步的标志之一。爬行动物的空间视野是狭窄的，只能观察低视平线的空间。人类通过直立行走，视平线得到提升，视野也就变得更加开阔。在长期的生产活动中，人们对居住环境不仅有平面视觉，还逐渐有了三维立体空间的视觉要求，这就产生了北京城市最典型的围合空间。

北京城的特点是"合院之城"，也就是说，城由城墙、城门组成围合空间，城内建筑是由一座座四合院组成，皇城由院墙组成围合空间；宫城由城墙组成围合空间；宫城内的前朝后寝，仍是围合空间，太和门、乾清门成为宫城内等级最高的院门。北京四合院最大特点是房屋建筑方位明确、主次分明、长幼有序，花草、树木种植讲究，同时关注阳光与日照。北京中轴线上皇城的围合空间更加讲究，成为北京城市围合空间的脊梁。

沿着北京中轴线我们可以看到九大围合空间。

第一围合空间是天安门广场，这是中华人民共和国成立后，经过天安门广场改造后形成的围合空间。广场南面是正阳门城楼，北面是天安门城楼，东西两侧是中国国家博物馆和人民大会堂。这个围合空间与古代天安门前"丁"字形那种完全封闭的广庭不同，是开放的形式，人们可以从东西长安街及正阳门城楼两侧自由进入，节日的广场更成为人的海洋、欢乐的海洋。广场正中有人民英雄纪念碑和毛主席纪念堂。

第二围合空间是一个四面建筑完全对称的围合空间，即天安门与端门之间的围合空间。在这个围合空间，南北建制是一样的城楼，东西两侧也是非常整齐的廊房和院门。尤其是南北城楼的红墙、黄琉璃瓦、重檐歇山顶建筑与东西两侧灰瓦廊房形成的围合空间，给人以肃穆、庄严的感觉。当前，这个空间种植了一些树，安置了一些临时建筑，对围合空间的环境氛围造成隔离和破坏，建议恢复原貌。

第三围合空间是由端门门洞进入午门前广场，这是一个开放的空间。这个空间比前一个空间略微让人感到豁亮、开放，透气性也更好。我们抬头望向"凹"字形的午门城楼时，又有一种神秘感与压迫感。这个空间是前一个空间的二点五倍，其南北加长的距离，除了让你感到皇宫的深邃和威严，并无其他大变化，尤其是午门前凹进的三面围合空间，像一个巨人张开双臂，将你收入怀抱中。站在午门广庭前，你能感觉到城楼的高大、皇权的威严，以及个人的渺小。

第四围合空间是进入午门后，便进入了一个更加开阔的空间，这就是太和门前的太虚广庭。这是一个由皇家宫廷建筑围合起来的空间。根据笔者目测，这里南北长约140米，东西宽约200米，因有一条内金水河缓缓流过，将广场一分为二，使人感到庄严却不压抑。放眼四周，人在天地间如此渺小，完全被天地间的一团和气笼罩。

第五围合空间是穿过太和门之后，进入皇宫内最大、最神圣的围合空间。这个围合空间南北长300多米，东西宽仍是200多米，因为南北长，从距离上你会感觉迎面建筑——太和殿的雄伟、庄重和威严。在这个围合空间中，砖石墁地，不栽种一棵树，也没有花草，使人的视线不受任何障碍物的影响，人的存在成了围合空间中的唯一参照物。尤其是主体建筑——太和殿、中和殿、保和殿建在高高的台基上，与天坛祈年殿一样，用三层的汉白玉石台基来烘托主体建筑的雄伟、高大，使人不得不仰视。天坛祈年殿是烘托人与天沟通的建筑，而太和殿则是烘托臣民仰视天子的一种氛围。一个是自下而上（敬天），一个是自上而下（统治）。老北京人爱说这个广庭是"砂锅底"。因为太和殿、中和殿、保和殿建在8.13米高的台阶上，四周的围合建筑也不得不建在高台上，广庭的地面就感觉在下降，形成"假海"，也就是老百姓俗称的"砂锅底"，而太和殿、中和殿、保和殿，以及太和殿前的体仁阁（文楼）、弘义阁（武楼）犹如海上仙山，时隐时现，遥不可及。这种构思大胆的围合空间设计，恐怕在全世界都是独一无二的，是中国劳动人民智慧的结晶。

第六围合空间是在保和殿后面，一个东西长的围合空间，这在北京中轴线上十分罕见，其他的围合空间都是南北长。这种变化是故宫"前朝后寝"的变化，"前朝"是举行重大国事的地方，"后寝"是回家，这个围合空间形成了家、国的纽带转换。在这个空间，你会觉得压抑感少了，心情和视野都得到了放松。在这里，还有人们很熟悉的宅院大门、八字墙，以及乾清门前的小广场。乾清门是地道的皇家大门，也是北京合院之城中等级最高的院落大门。

第七围合空间是皇帝、皇后居住的后宫，这又是一个四面围合严谨的空间，模仿的是民间院落。从整体上看，这个空间的面积、建筑高度都要小于太和殿广庭，由于四面合围的建筑高度降下来了，人与建筑的比例更合适，看上去也很舒服，给人一种皇帝由统治者回归到俗世生活的感觉。

第八围合空间是御花园，这是一个内容丰富、景点饱满而又对称的围合空间。在这个围合空间里，你可以清闲娱乐，上可登山上御景亭观月，下可入山洞寻幽取静。在御花园左（东面）有万春亭，右（西面）有千秋亭，提示人们过好日子，过好每个春秋。这里不仅汇集了中国古代楼台亭阁的各种样式，还有各种奇花异草、古木山石。

第九围合空间在景山后面的寿皇殿广庭。这个围合空间因为有景山隔阂，位置在山之阴，成为祭祀祖先的理想之所，被称为"神御殿"，是明清两代皇帝停放灵柩和存放遗像的地方。其与太庙围合空间有相同之处，就连大殿也是仿照太庙享殿修建的。

围合空间是北京中轴线上的重要文化遗产，我们要好好保护，同时要挖掘其文化内涵，探索其活化利用功能。天安门广场是人民集会、庆典、旅游、观光之地，已得到活化利用。午门前广庭作为故宫入口大门，曾举办过世界三大男高音演唱会[①]，这是对北京中轴线上围合空间活化利用的一种尝试和探索。

[①] 2001年6月23日，世界三大男高音歌唱家帕瓦罗蒂、多明戈和卡雷拉斯在紫禁城午门至端门广场演出。

北京中轴线

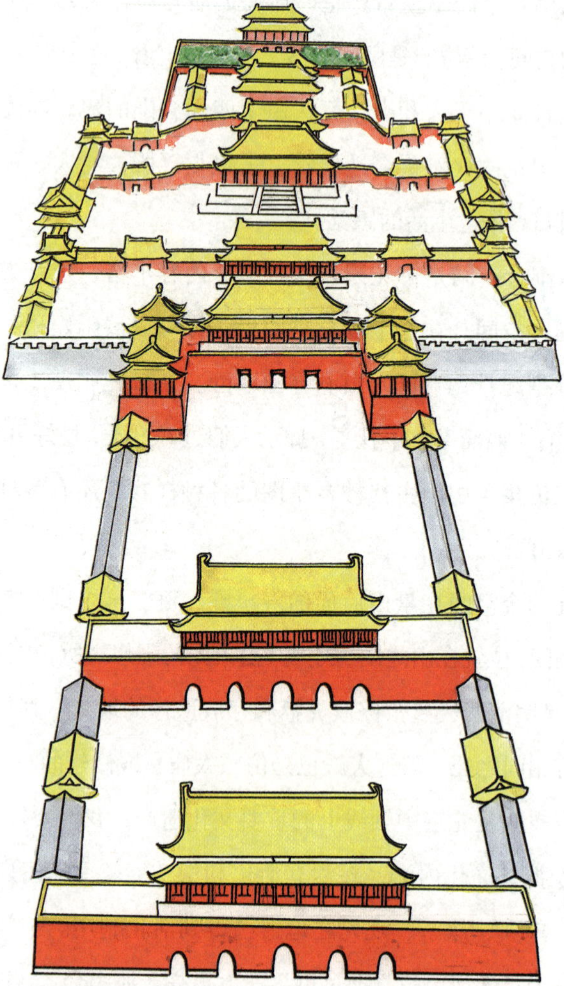

北京中轴线上围合空间示意图

第八节 九门宫阙文化

"侯门深似海",是指在中国古代社会里,王侯将相的宅院有着一道又一道大门,层层进深,人如进入大海,深不见底。而事实上,中国王侯将相以及不同品级的政府官员的门道进深要求,是有讲究的。当然,讲究最多的还是皇帝居住地的门。北京城市中轴线上的建筑,就体现了中国古代社会"天子九门"的礼制。

1906年,意大利费尔迪安德亲王来北京拜见中国皇帝,充分领略了天子九门制度。[①]清光绪三十二年(1906)阴历五月初十,夏至刚刚过去,是北京城一年之中日照时间比较长的日子,费尔迪安德亲王乘火车从秦皇岛来到北京前门火车站(京奉铁路东车站)。他下车后,要见中国皇帝。但礼部官员却安排他第二天游览颐和园,第三天拜见亲王及外务部大臣,一直到第四天,他才被允许进皇宫觐见皇帝。据史料记载,那天早上5点钟,费尔迪安德亲王就被清朝内务府准备的绿呢黄襻大轿抬出了住所,由军人、随从护送,从正阳门到大清门外。然后,由清朝官员陪同,进大清门,经御路,到天安门;过天安门,穿端门,抵达午门外;然后换乘内务府准备好的椅轿,进午门,过内金水桥,穿过太和门,经中左门前行,一路上看到太和殿、中和殿、保和殿,然后出后左门,到乾清门前,等候皇帝召见。这一路上,费尔迪安德亲王一共经

[①] 沈原:《1906:意大利费尔迪安德亲王北京之行》,《北京档案》2003年第7期,第48—49页。

历了九道门,即正阳门、大清门、天安门、端门、午门、太和门、中左门、后左门、乾清门;看见了北京中轴线上的三大殿:太和殿、中和殿、保和殿;相当于进行了"三叩九拜"之礼。

有关"天子九门"有不同说法。如果从北京旧城来看,作为封建帝王可以出入的城门共有九座,分别是正阳门(也称国门,古代社会中正阳门箭楼只有皇帝出进才会开启)、中华门(明称大明门,清称大清门,民国后称中华门)、天安门(明称承天门)、端门、午门、太和门、乾清门、神武门(明称玄武门)、地安门(明称北安门)。九门宫阙是指这些大门及其背后的大殿、院落,形成北京中轴线上的宫阙,它们分别是天安门、端门、午门、太和殿、中和殿、

从景山南望层层宫阙

保和殿、乾清宫、交泰殿和坤宁宫。站在景山万春亭前面向南眺望，就可以看到这九重宫阙形成一条景观带，在阳光照射下，如同一条巨龙，层层宫阙则是龙脊。

第九节　桥梁水系文化

北京中轴线上作为桥梁水系的文化遗产，原有"七桥七水"。"七桥"，是指永定门外石桥、天桥、正阳桥、金水桥、内金水桥、神武门外大石桥和万宁桥；"七水"，是指外城南护城河水系、正阳门外龙须沟水系、内城南护城河水系、金水河水系、内金水河水系、故宫护城河水系和玉河水系。七桥七水的节点从南向北概括为：1.南护城河永定门桥；2.龙须沟天桥；3.前三门护城河正阳桥；4.外金水河桥；5.内金水河桥；6.筒子河神武门桥；7.玉河万宁桥。

京城水系：菖蒲河牛郎桥

京城水系：什刹西海水门

第九章 北京中轴线与传统文化

京城水系：前门东三里河水系

万宁桥被称为"北京中轴线第一桥"，这是因为北京中轴线是因水而生，因桥而定。因水而生，是指元大都在划定城市中轴线的时候，选择了积水潭（亦称"海子"）水域最东岸，确定元大都城市中轴线是以万宁桥（亦称"海子桥"）为基点。由此，万宁桥是北京中轴线最古老的大石桥。说万宁桥是最古老的桥，还有两个看点：一是在桥的东北侧镇水兽有元代"至正"年号；二是桥的西侧有元代澄清上闸遗址。这座古桥至今还在使用，依仗的是桥的砖石结构设计。在桥的西侧是什刹海水域，在桥的东侧是通惠河玉河水系。

神武门外大石桥也很有特点，不仅是位居北京中轴线上的大石桥，而且与其他桥梁明显不一样，没有拱形桥身和桥洞。京城老百姓有传言，说故宫四门（午门、神武门、东华门、西华门）是"后门有桥不见洞，前门有洞没有桥，东西两桥更蹊跷，有桥有洞没遮栏"[①]。这些特点与实际踏勘完全一样。例如，"后门有桥不见洞"，是说神武门外大石桥，远看有桥，但是不见拱形的桥洞，只有小的排水孔。"前门有洞没有桥"，是说在故宫午门前有护城河水经过，但是没见有桥，更没有流水的护城河，在雁翅楼东西两侧就转入地下的桥洞了，能够看到的只有御道和广场。东华门、西华门外护城河上分别建有石桥，但是没有装饰精美的桥栏。这些现象说怪也不怪，完全是因为早年间紫禁城防护安全的需要以及出入功能的需要。午门前广庭是皇帝颁诏、检阅军队凯旋和召见文武大臣的圣地，如有桥、水会破坏庄严神秘的气氛，同时又与天安门前金水桥、午门内内金水桥的建筑样式出现重复。东华门、西华门为什么没有桥栏？是因为皇帝、太后出行时御辇、凤辇形体大，再加上两旁的仪仗，如有固定桥栏会非常不便。神武门外大石桥是连接紫禁城与景山的通道，不建拱形桥洞、桥身，便于通行。也有传言认为，桥本身建有秘密通道，但未经证实。

金水桥是北京中轴线上等级最高的桥梁，不仅石材为汉白玉，雕刻的图案也十分精美。金水桥在天安门城楼前对着城门洞，共有五座，体现皇权"九五之尊"，另外还有四座横跨在金水河上的桥，其中两座叫"公生桥"，一左一右分布在五座金水桥两侧，另外两

[①] 李学文、魏开肇、陈文良：《紫禁城漫录》，河南人民出版社1986年版，第27页。

神武门外大石桥

座为牛郎桥和织女桥,牛郎桥在菖蒲河与金水河交界处,为新复建,织女桥在南长街南口,已经被拆除。值得一说的是,桥下金水河,源于京西玉泉山,从西直门(元称"和义门")南水门入城,按照五行学说,西方属于金,金生水,故得名"金水河"。

正阳桥位于前门箭楼前面,牌楼北面,是三座并排的大石桥,是皇帝出入京城的重要通道,皇帝出行的御道经正阳门城楼、箭楼,一直铺到正阳桥正中的桥梁上,然后止于正阳桥牌楼。正阳桥下的护城河水呈月牙形,现已修建为月牙形马路,马路正中的人行通道为正阳桥的位置。值得一说的是桥下的护城河,准确说为"内城南护城河",俗称"前三门护城河",这条水系原西起于西便门，途经宣武门、正阳门、崇文门，止于东便门汇入通惠河，全长 7.6 公里，1965 年修建地铁时改为暗沟。根据新版《北京城市总体规划（2016 年—2035 年）》明确要保护河流、恢复重要历史河湖水系的要求，形成"六海①映日月，八水绕京华"的景观，内城南护城河就属于"八水"之一。

天桥为大石桥，位于北京中轴线上，是古代社会专供皇帝出行的桥梁，当时老百姓出行是在天桥两侧各搭一座木桥。因是天子行走的桥，故得名"天桥"。此桥现已拆除，其遗址往南 40 米处为新建的景观桥。天桥下面的水系值得一说，东起虎坊桥，一直流向东南，经天桥、金鱼池、虹桥，然后出城东南，原来是城南泄洪渠道。乾隆年间整治过一回，并立碑《正阳桥疏渠记》加以说明。《正阳桥疏渠记》碑属于天桥的老物件，现存于东城区红庙街 78 号。

外城南护城河西起西便门，绕流外城，途经广安门、外城西南角楼，折向东经右安门、永定门、左安门、外城东南角楼、广渠门向北直入通惠河，全长 15 500 米，宽 22 米至 45 米。外城南护城河水系与西护城河、南旱河、莲花河等相通，是北京老城南部外城河水、污水的主要排泄渠道。因外城其他护城河不属于北京中轴线内容范围，这里不做具体介绍。

---

① 六海：1.南海、2.中海、3.北海、4.什刹前海、5.什刹后海、6.什刹西海；八水：1.通惠河（含玉河）、2.北护城河水、3.南护城河、4.筒子河、5.金水河、6.前三门护城河、7.长河、8.莲花河。

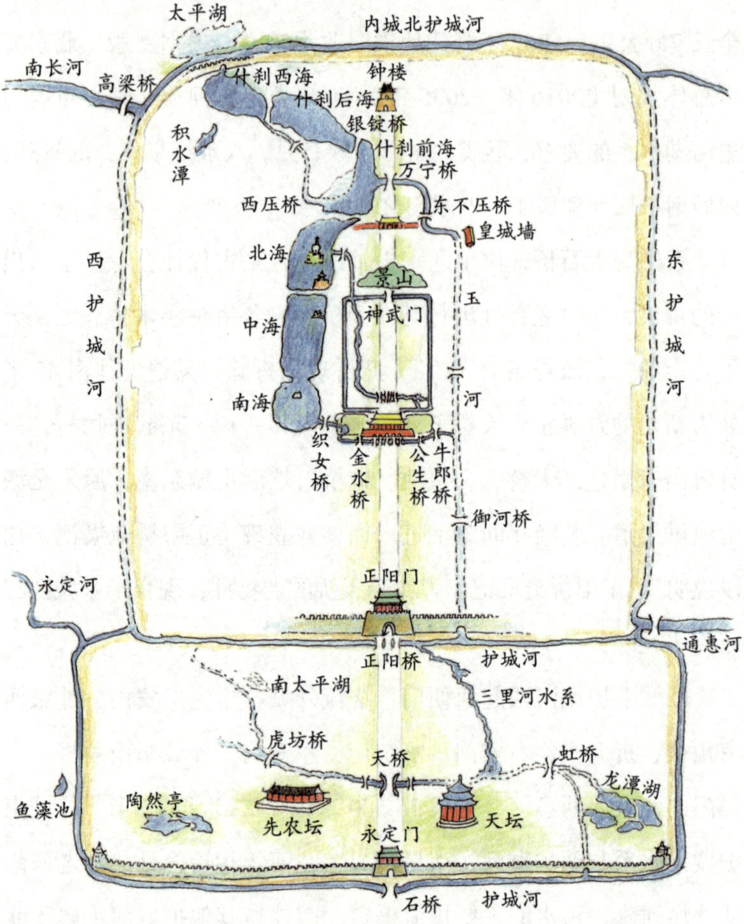
太平湖
内城北护城河
南长河
高梁桥
什刹西海
钟楼
什刹后海
积水潭
银锭桥
什刹前海
万宁桥
西压桥
东不压桥
皇城墙
北海
景山
西护城河
东护城河
玉河
神武门
中海
南海
织女桥
金水桥
公生桥
牛郎桥
御河桥
永定河
正阳门
正阳桥
通惠河
护城河
南太平湖
三里河水系
虎坊桥
天桥
虹桥
龙潭湖
鱼藻池
陶然亭
先农坛
天坛
永定门
石桥
护城河

京城水系示意图

第十章 北京中轴线上的宗教祭祀建筑

宗教文化是古代城市最典型的文化特征之一。一直以来，旅游界流传着这样一句话："东方看庙，西方看教。"这句话的意思是说，东方建筑最引人注目的是寺庙，特别是那些历史悠久的大型寺庙，而西方建筑最引人注目的是教堂，特别是那些著名的教堂。例如，河南洛阳的白马寺、西湖边上的灵隐寺、北京城中的法源寺等；放眼世界，有法国的巴黎圣母院、德国的科隆大教堂、意大利威尼斯的圣马可大教堂、梵蒂冈的圣彼得大教堂等。由此说明，一座城市，宗教文化色彩越鲜明，历史文化积淀大概率越深厚。人类在信仰宗教的同时，也创造了灿烂的宗教文化。

在人类发展的历史长河中，要想保护好城市文化特色，就要保护好城市宗教文化特色。北京是世界著名历史文化名城，宗教文化积淀非常深厚。研究北京宗教文化的专家学者有一个共同感觉：北京城不仅历史悠久，而且宗教文化灿烂，同时呈现出一种和谐景观。

北京城不仅汇聚了世界上著名的五大宗教——道教、佛教、伊斯兰教、基督教和天主教，而且五大宗教的建筑和文化既各有特色，又相互和谐。例如，北京市佛教协会在调研"宣南文化"时发现，在北京宣南地区，以北京建城纪念柱为中心的咫尺范围中，聚集着五大宗教的众多著名活动场所。这些场所有佛教的天宁寺、法源寺、长椿寺，有道教的白云观，有基督教珠市口教堂，有天主教宣武门教堂（俗称"南堂"），有伊斯兰教牛街礼拜寺，等等。这种"宗教文化区"的现象在世界大城市中是不多见的，充分体现了北京"和"的文化氛围，以及北京城市文化的独特魅力。

一个区域尚且如此，整个北京城更具特色。例如，道教有白云观、东岳庙等；佛教围绕城市中心区有雍和宫、天宁寺、法源寺、法海寺、广化寺、万寿寺、大钟寺等；天主教有东、南、西、北四大教堂；伊斯兰教有牛街礼拜寺、东四清真寺等。另外，北京城中民间宗教信仰更是丰富多元，有观音庙、关帝庙、真武庙、风神庙、雨神庙、云神庙、雷神庙、龙王庙、财神庙、火神庙、马神庙、老虎庙、娘娘庙（碧霞元君庙）等。其中，关帝庙、观音庙占有很大比例，在正阳门城楼前面，原来就有一座观音庙和一座关帝庙。

天宁寺古塔

第一节　元大都中轴线上的宗教建筑

城市建筑与宗教有着密切联系，中轴线建筑也必然与宗教有着联系。这种联系至少从元大都修建时就开始了。元代的城市中轴线北端的终点是一座高大的建筑——"中心阁"。中心阁位于大天寿万宁寺地界，大约在今日钟楼的位置，当时这里也是大都城的中心位置。大天寿万宁寺为元成宗敕建，时间是在元大德九年（1305）二月，因其位置在城市中轴线末端，成为大都城内非常重要的皇家寺院，同时也是著名的喇嘛教寺庙。

在元代，这座寺庙以供奉元成宗（铁穆耳）御像和密宗佛像著称，但并没有官员专门管理。和万宁寺有关的论述是由国家图书馆原工程师王铭珍撰写的《过万宁桥寻万宁寺》，文中记载，1928年北平市政府对全市寺庙进行调查，在今鼓楼东北的草厂胡同12号发现一座寺庙，称"万灵寺"。调查登记为：万灵寺面积南面十二丈，北面九丈五尺，南北长十九丈五尺，房屋三十二间。庙内法物有大铜佛三尊，木佛像一尊，泥佛像十二尊等。1936年人们再次进行寺庙调查时，记载为万灵寺有土地约三亩，房屋四十间。在一次草厂胡同拆迁施工中，一位七旬老人在废墟中发现一块长方形的石板，上面刻有一行文字："敕建万宁寺"。老人把这一情况报告给了文物部门。文物部门收走了石板并告之"这就是元代大天寿万宁寺的山门石刻匾额"[1]。由此，人们要问，为什么

---

[1] 王铭珍：《什刹海的寺庙》，当代中国出版社2008年版，第90—92页。

"万宁寺"变成"万灵寺"？王铭珍认为这可能与避清道光皇帝"旻宁"的讳有关。

大天寿万宁寺是元大都城中轴线最北面的高大建筑，而且是在寺院之中，也就是说，中轴线最后是消失在暮鼓晨钟的宗教氛围中。目前，在中国一些古城或古都中还保存有这样的痕迹。例如，宁夏银川市古城正中间的玉皇阁，是道教文化建筑，位居城市正中。在北京市延庆区永宁古城正中间也有高大的玉皇阁建筑。由此可见，古人在规划或进行城市布局时，非常重视城市中心点的规划和建设，尤其在早期城市规划中，在宫城的北面一般是神的位置。若是没有宫城的城市，城市中心点就是神的位置。元大都城在规划城市时有明显的中心点——什刹海东岸的万宁桥，也就是说这个中心点在元代大天寿万宁寺的前面，中心阁的正前面。由此说明两点：一是元代朝廷信奉喇嘛教，喇嘛教寺院在元大都城市建筑中具有鲜明色彩；二是大天寿万宁寺与"万宁桥"有关，桥因寺而得名。根据侯仁之主编的《北京历史地图集》描述，在大天寿万宁寺的西南侧是"中心阁"。还有文章认为，中心阁建在中心台上。由此可见，中心阁不仅位于城市的中心位置，还是城市的标志性建筑，又恰到好处地设计在城市中轴线的末端。元大都城中心点的布局表明了设计者的匠心——由城南正中城门（丽正门）开始的城市中轴线在经过皇宫主要建筑后，穿过市井，最终聚焦在宗教寺院内的建筑上。这与明代中轴线最终聚焦在给市民报时的钟鼓楼有所不同，一个是皇家寺院，富丽堂皇；另一个是岁时建筑，高大雄伟。

第十章 北京中轴线上的宗教祭祀建筑

据《元大都》一书介绍,"大都城内海子的东北岸有中心阁,阁稍西有石,刻铭曰:'中心之台'。南北城墙与中心台的距离相等,而东城墙与中心台的距离较西城墙则略有靠近,这是由于修筑时遇到低洼地带而向内稍加收缩的缘故。……中心阁地址的选择与中心阁到丽正门距离的确定,构成大都城四至的基准。既合理地利用了自然地形,又充分地突出了建筑效果,这种独具匠心的设计,表现出较高的城市规划布局的创造性。"①如今,中心台与中心阁已经无法看到,但颐和园的佛香阁、江西赣江边上的滕王阁、延庆区永宁城的玉皇阁还是给我们留下了对楼阁的丰富想象空间。

有人认为,今日北京旧城内的鼓楼就是原中心阁的位置,鼓楼下的基座就是中心阁下面中心台的基础。值得注意的是,在今日钟楼后面还保留有一座大型的寺庙建筑,原址为元代修建的寺庙建筑群的一部分。据了解,在明朝军队占据大都城后,这里的寺院并未受到破坏,香火依然旺盛。寺庙在明代称千佛寺,清代后期,寺庙内陆续聚集一些皇宫内退休的太监,特别是慈禧太后身边的二总管刘素云也来到这里,重修寺院后更名为"宏恩观",以示感谢皇帝、太后宏恩浩荡。寺庙变道观,记述的是这一地区历史变化的沧桑。据实地考察,宏恩观坐落在今日东城区安定门内街道豆腐池胡同,寺庙建筑坐北朝南,山门临街,面对钟楼后身,略偏东一点。山门前有高台阶,主殿为帝君殿,现已得到修缮和

---

① 首都博物馆编:《元大都》,北京燕山出版社1989年版,第6—7页。

保护。有专家认为,这是在中轴线末端唯一保存下来的一座大型寺庙。目前,寺庙主要殿宇——帝君殿保存完好,建筑斗拱和彩画很有特点;山门依然存在,登上高台阶,就可以进入山门。

宏恩观山门

第二节　明清北京城中轴线上的宗教建筑

　　明清北京城市中轴线与元大都城市中轴线在一条线上，但是中轴线上的建筑已经完全不同。明代对其进行了全新的规划建设，与元大都城市中轴线上建筑相比，有很大创新。这种创新就带有鲜明的宗教色彩。元代在中轴线末端展示的是喇嘛教文化，承载宗教文化的建筑是大天寿万宁寺。明代在中轴线上则突出道教文化，承载宗教文化的建筑是钦安殿。钦安殿始建于明永乐年间，与紫禁城主要宫殿一起规划完成。钦安殿是供奉玄天上帝（水神），又称玄武大帝或真武大帝的殿堂。古都北京有着数不清的宗教建筑，紫禁城内也有数量众多的神殿佛堂。可是，在中轴线上，明朝确定的神殿只有一处——钦安殿。钦安殿位于故宫御花园正中偏北高台上，坐北朝南，面阔五间，进深三间，为黄琉璃瓦重檐盝顶，中间置鎏金宝顶，是明代建筑佳作之一。

　　明朝尊崇玄武大帝，这与明成祖朱棣个人的宗教信仰有关。朱棣是明朝开国皇帝朱元璋的第四个儿子，年少时被封为燕王，驻守当时的北平。分封在国之北，尊北方之神灵——玄武。"靖难之役"，朱棣又从北平城发兵，夺取了皇帝大位。1403 年，朱棣将北平改为北京，确定北京为都城。朱棣认为自己得到了北方之神玄武大帝的庇护。另外，朱棣常年统兵远征漠北，多次遇难脱险，也信奉是玄武大帝在保佑他。由此，朱棣通过"靖难之役"夺取皇位后，立即派遣隆平侯张信、驸马都尉沐昕等率领大批工匠和军士，开进武当山，大修道观，使武当山有了"九宫""八观""三十六庵堂""七十二岩庙"等规模宏大的道教建筑群。据说，工程耗时十三年完成，由此，在民间有"北建紫禁城，南修武当山"的传说。

清代在中轴线上展现的是藏传佛教文化，承载宗教文化的建筑是景山上的五座山亭，准确地说是五方佛的殿堂。我们现在看到的是佛堂被破坏后的建筑形式，已经由佛堂变为山亭。而在清代，五座山亭的主要功能是佛堂，内供五方佛。五方佛和五座佛堂既是对宗教文化的展示，又是对明朝镇山——万岁山（今景山）的压胜和文化灌顶式的改造，与清朝初年在北海琼华岛修建白塔及永安寺的宗教意义相同。

清乾隆年间在景山建成五座山亭后，每座亭内立铜铸佛像一尊，为五方佛。北京老百姓当时不能进入皇家禁苑，误认为是五味佛，代表人世间甜、酸、苦、辣、咸等，当然这只是民间传说。从北京城市建筑及景山的地位来讲，五方佛至高无上，掌控大千世界。中央为毗卢遮那佛，也称大日如来，在万春亭内；另外四尊佛从东向西，第一尊为宝生佛，在周赏亭内；第二尊为阿閦佛，在观妙亭内；第三尊为阿弥陀佛，在辑芳亭内；第四尊为不空成就佛，在富览亭内。五方佛坐北朝南，保佑紫禁城的江山社稷。这是多么奇特的景象。

然而，五方佛像于1900年八国联军入侵北京城时遭到了破坏和掠夺。现在，景山万春亭内已经恢复了毗卢遮那佛的佛像，供游人瞻仰。

北京中轴线

第三节　中轴线与五坛八庙

北京城有"五坛八庙",而且这些祭坛和寺庙布局是围绕中轴线展开的,确切地说,是围绕象征皇帝和皇权的建筑——皇宫对称展开的。

"五坛八庙"有多个版本,既有不同时期的变化,又有人们的观点变化。比较集中的观点是,"五坛"是指围绕北京内城的五座皇家祭坛,即天坛、地坛、日坛、月坛和先农坛。这些祭坛对北京城形成环绕态势。"八庙"是指北京内城中的八座专门为皇家祭祀活动服务的庙宇,即太庙、奉先殿、传心殿、寿皇殿、雍和宫、堂子、孔庙和历代帝王庙。这些庙宇在古代社会属于皇家禁地,老百姓不能随便进出。

围绕北京中轴线,还有一些对称或相互呼应的寺庙。例如,隆福寺(东庙)与护国寺(西庙);孔庙(文庙)与关岳庙(武庙);宣仁庙(风神庙)与时应宫①(雨神庙);凝和庙(云神庙)与昭显庙(雷神庙)。这些庙宇是北京中轴线文化的一个特点,尤其是风、雨、雷、云四座庙,对称在故宫(紫禁城)东西两侧,既有拱卫之势,又有听从指挥之说。

风、雨、雷、云这四座庙宇,均建于清雍正年间,位置在故宫东西两侧的南、北池子大街和南、北长街;主要建筑(大殿

---

① 道教庙宇一般称"观""庙"或"宫",称"宫"说明其地位要高一些。

均坐北朝南，在山门石匾额上刻有"敕建"的字样。这几座庙宇主体建筑有正门殿（或称"山门殿"）、钟楼和鼓楼、前殿、中殿、后殿。有的在正门殿前还修建牌楼，有的修建影壁，不仅磨砖对缝，而且用琉璃砖瓦装饰，其他殿宇均为歇山调大脊式屋顶，琉璃瓦剪边，体现着皇家寺院的庄严与色彩。同时，在殿内梁枋上有精美的彩绘。多为和玺彩绘。按古代祭祀规制，一般在农历正月初一祭祀龙王；立春后祭祀风神；立夏后祭祀雷神；秋分后祭祀云神。

北京城还有"九坛八庙"之说。"九坛"是指天坛内的圜丘坛、祈谷坛，地坛内的方泽坛，日坛内的朝日坛，月坛内的夕月坛，先农坛内的太岁坛、神祇坛，皇城内的社稷坛，西苑（今北海公园）内的先蚕坛。这些皇家祭坛也是围绕皇宫（紫禁城）和中轴线对称展开的。

"天南地北、日东月西"，这是古人铭刻在骨子里、融化在血液中的方位意识。在中国古代文献《易经》中就有乾南、坤北、离东、坎西的排序。北京的祭坛布局也体现了这样一种思想和意识。乾代表天，天坛在南面；坤代表地，地坛在北面；离代表日，日坛在东面；坎代表月，月坛在西面。另外，天坛、地坛、日坛、月坛在外坛墙修建时均开有一正门，即三开间的坛门，门外有牌楼，坛门和牌楼均面向中轴线，以示天地日月围绕一个中心，这个中心就是紫禁城，这就是皇权。

第四节　中轴线上的火德真君庙

火德真君庙，俗称"火神庙"，坐落在中轴线北段，也就是鼓楼大街前，万宁桥西侧，是北京市重点文物保护单位。这座庙历尽沧桑，因为地处闹市民居中得以保存下来，又因坐落在中轴线边上，受到北京市西城区政府重视，得到修缮。据了解，北京城有多处火神庙，但论及历史悠久、规模可观和坐落在中轴线边上的火神庙，仅此一座。据《天府广记》和《帝京景物略》记载，什刹海火神庙初建于唐贞观年间，到元大都城修建时，这里位居城市中心地带，又是漕运码头终点，沿岸文化和商业活动非常繁华，是什刹海周边重要寺庙之一。

据有关文献记载，元代曾在此建庙，供奉真武大帝，周边水域被视为玄武湖，保佑来往的客船和货物不受火灾侵害。到了明清两代，由于都市经济进一步繁荣发展，这座寺庙越发受到重视，多次修缮，尤其是在明万历年间，提高了寺庙的等级和规制，改用黄、蓝琉璃瓦，使其成为皇家道观，供奉火神的祖师。每年农历六月二十三日火德真君生日时，火神庙举行道场，京城老百姓前来上香，明清皇室成员也多次来这里上香。

据历史文献记载，清同治年间，紫禁城武英殿发生火灾，朝廷派人专门到火神庙祭祀；到清光绪年间，太和门又发生火灾，慈禧太后深感不吉祥，亲临火神庙上香，捐香火钱和做道场，祈求火神保佑，化凶为吉。我们现在看到的寺庙样式应该是清朝乾隆年间重修后的建筑形式。整座寺庙坐北朝南，十分壮观。

因寺庙紧邻中轴线，在山门东侧开一东向的门，面对繁华的鼓楼前大街。庙中东向门内建有牌楼，是寺庙建制的独有特色。火德真君庙主体建筑坐北朝南，有三进院落，有前殿、中殿、后殿和后配殿。其中，前殿为灵官殿，面阔三间，单檐歇山顶，黑琉璃瓦绿剪边，殿内主供道教护法王灵官；因前殿位于庙宇南端，紧邻玉河，南向开门，门楣上有"敕建火神庙"，似山门殿，可出入。中殿为"荧惑宝殿"，面阔三间，勾连搭建筑，前为硬山箍头脊，后为单檐歇山顶，黑琉璃瓦绿剪边，殿内供奉火德荧惑星君。后殿为两层楼阁式建筑，面阔三间，硬山顶，黑琉璃瓦绿剪边；

火德真君庙山门

上层匾额为"万寿景命宝阁",供奉玉皇大帝;下层为真武殿,殿内供奉真武大帝,又称玄天上帝。后配殿亦称"后罩楼",为二层"凹"字形楼阁建筑,正中楼阁为三开间,硬山顶,黑琉璃瓦黄剪边,东西两侧各有三开间楼阁,均为硬山顶,黑琉璃瓦绿剪边,二层东北角和西北角有走廊相连,院落暂由庙内人员使用。在庙东南方位还开有庙门,为歇山顶,黄琉璃瓦绿剪边,门楣上也有"敕建火德真君庙"字样;门向东开,紧邻地安门外大街,与北京中轴线道路形成密切联系;门内有牌楼,据说是皇亲国戚入庙进香便捷之门,现在用于游客出入。火神庙占地不大,建筑布局紧凑,规制高,从琉璃瓦顶,特别是庙门和后罩楼黑琉璃瓦黄剪边的形式和颜色来看,是典型的皇家道观。

火神庙西面紧邻什刹海水面,风光十分秀丽,早期在万寿景命宝阁后面还有一观景亭,可眺望什刹海风光。

第十一章 北京中轴线上的古树名木

在北京中轴线遗产范围内有着众多的古树名木。这些古树名木是北京中轴线发展的历史见证者,又是当下活态的历史文物,俗称"活文物"。

据原北京市园林局和原北京市林业局2007年的调查数据,北京市有古树名木40 000余株,其中一级古树6000余株,二级古树34 000余株,名木1000余株,古树名木数量居全国之首。北京市古树名木主要为侧柏、油松、桧柏和国槐等乡土树种,其中侧柏约占到了全市古树名木总数的54%。这些古树名木主要分布在皇家园林、坛、庙、观、陵等具有历史文化价值的场所。[1]

柏树、油松、白皮松等树木四季常青,有长寿、延年之寓意。而柏树木质芳香,经久不朽,历代王朝都将其视为吉祥之树种,将其栽种在皇家御苑、皇家坛庙祭祀等场所,以示千秋万代、江山永固。有些古柏树,有着300年以上的历史,仍然枝叶茂盛,主干挺拔,姿态各异,造型奇特,又被人们赋予丰富的传奇故事,增加了古树名木的人文色彩,极大地丰富了北京中轴线上的历史文化韵味,是北京中轴线上的独特景观。

北京的古树名木是按时间确定级别的,有百年以上生长历史的才能称为古树。其中树龄在300年以上(含300年)的可称为一级古树,标挂红牌;树龄在100年(含100年)以上至300年以下的树木称二级古树,标挂绿牌。在北京中轴线上,又以300年以上的古树居多。"名木"指树中珍贵、稀有的树木,以及具有

---

[1] 赵卫国:《北京市古树名木保护现状与价值估算》,《南方农业》2022年第16卷第20期,第68页。

历史价值、科学价值和纪念意义的树木。北京中轴线上的古树名木多为人工种植，最早的可以追溯到唐代，距今已有1000多年的历史。例如，在景山寿皇殿东侧生长的一棵槐树，距今已有1200多年历史，是北京中轴线上"古槐之最"。在社稷坛、天坛都有辽金时期留下的古柏树，至少有800年的历史。在故宫御花园、景山、太庙、社稷坛、天坛、先农坛等地的大部分古树为明清两代栽种，有100年至600年历史不等，活脱脱地展现了"活文物"的历史和画卷。有些古树名木，例如景山"殉国槐"与重大历史事件相融合，又成为中国历史发展的重要见证。

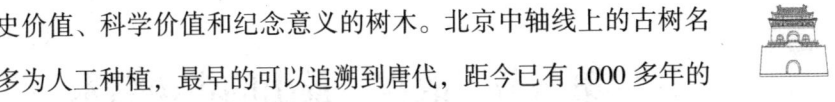

北京中轴线上的古树名木多，也反映出无论是封建帝王，还是平民百姓，对自然、生态、环境的需求，尤其是作为都城的需求，更加注重人文色彩。例如，明成祖永乐皇帝、清高宗乾隆皇帝对北京皇家坛庙祭祀建筑种植古树名木，都是积极的倡导者，并且身体力行，亲自培育。

1972年美国总统尼克松访华期间来到天坛参观，当看到天坛有这么多的古树名木，他感慨地说，天坛的所有建筑我们都可以仿造，只有这些古树是仿造不了的。由此提示我们，北京中轴线上的古树名木是不可再生的，重新培植需要千百年的时间。对此，北京皇家园林和祭祀坛庙的管理者已认识到这一点，他们在北京坛庙中一直不断地种植侧柏与桧柏，从中华人民共和国成立到现在已有60年至70年的历史，多数柏树已经成林、成材，增加了坛庙的绿色景观。

第一节　故宫、景山的古树名木

一、故宫的古树名木

故宫内的古树名木在数量上不是最多的,这与故宫建筑布局有关。作为皇家宫殿,要突出建筑的雄伟庄严,所以故宫中轴线上的主要宫殿建筑前后左右是不种树的,也就是说建筑不能被树的枝干、枝叶遮挡,在太和门广场及太和殿前,甚至连灌木、杂草也不允许生长。由此,故宫内的树木多集中在花园中,如御花园、宁寿宫、乾隆花园及慈宁宫等。据统计,故宫现存古树名木482株,

故宫宁寿宫前罗汉松

第十一章　北京中轴线上的古树名木

故宫西路白皮松

北京中轴线

故宫御花园古树名木（一）

第十一章 北京中轴线上的古树名木

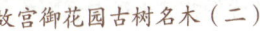
故宫御花园古树名木（二）

北京中轴线

故宫御花园古树名木（三）

其紫禁城区域内 448 株，大高玄殿区域内 34 株。在 482 株古树名木中，一级古树名木有 114 株，二级古树 368 株。这些古树名木在故宫御花园内有 111 株[1]，多为明代所植，一些名木传承明清两代。故宫内的古树名木特点是品种多，有侧柏、桧柏、油松、白皮松、国槐、银杏等，还有古楸木、紫藤萝等灌木。

"人"字形树在御花园内有几处，在北京中轴线上，位于钦安殿天一门香炉前的"人"字形树最著名，由一棵松树和一棵柏树枝杈相交在一起，两棵树干呈现"人"字形，左阳右阴，象征男女恩爱、夫妻生活和谐美满。

中国历来有"在天愿作比翼鸟，在地愿为连理枝"的文化传统。2005 年 4 月，中国国民党前主席连战携夫人参观故宫御花园时，专门在"人"字形树下合影，象征夫妻恩爱、白头偕老，一度成为美谈。

除了"人"字形柏树以外，在御花园西侧还有"凤凰柏"，造型也很奇特，展现着御花园古柏树的独特形态。值得述说的还有承光门旁的古柏树树干褶皱，饱经沧桑，但枝杈刚劲有力；堆绣山前白皮松，挺拔秀丽，与御景亭遥相呼应；清乾隆皇帝最喜欢的书斋雅室——绛雪轩，因屋前原有的五株海棠在春天时花开、花落，犹如降下深红色的雪而得名。乾隆皇帝曾专门要求宫监收集落花埋葬，培育树根。现在，海棠树已消失，取而代之的是太平花，春天花开艳丽，与花坛中的牡丹一起象征着富贵吉祥。

---

[1] 贾慧果：《庭木华滋立百年——故宫里的古树名木及其保护管理》，《紫禁城》2020 年第 3 期，第 100—119 页。

北京中轴线

故宫御花园内"人"字形树

另外，在故宫断虹桥以北，还有著名的"十八槐"，种植于明朝初年，距今已有500年以上的历史。这些老槐树虽然已经老态龙钟，有的甚至树皮半枯，树干中空，但依旧枝繁叶茂，最高的达21米，最粗的达4.7米。每到夏季，这里绿叶成荫，是观赏古树名木的好去处，与之相对应的是在故宫东部皇极门内有"十八罗汉松"，也是姿态各异。

二、景山的古树名木

景山作为皇家园林，古树名木不仅多，而且品种齐全，这得益于景山作为皇家后花园的特殊历史文化地位，尤其明清两朝统治者非常重视树木的栽种。例如，据清乾隆四年（1739）三月内务府奏案记：在景山等处栽种树木，按时价采买，已栽过罗汉松、白果松、马尾松、千松、柏松共计六百四十三棵；今春又补栽白果松、罗汉松、马尾松、柏松共二百三十七棵。乾隆八年（1743）十二月内务府奏案：于景山栽种树木，除小树遵旨明春补栽外，其今冬栽植之松树同太监王进忠看，能共载过长一丈八尺至二丈大马尾松一百七十五棵；果松三十五棵。[①] 由此可见，历史上，景山以栽种树木多为特色。

据统计，景山公园现有古树名木八百余株。其中有五株特别著名的古树名木，分别是"槐中槐""虬龙柏""二将军柏""蝴蝶槐"和"殉国槐"。

"槐中槐"位于景山北部永恩殿山门西侧，是一株有着千年历史的老槐树，也是北京中轴线上最古老的名木之一。据园林专家

---

① 北海景山公园管理处编：《北海景山公园志》，中国林业出版社2000年版，第443页。

考证,"槐中槐"生长历史有1200多年,可以追溯到唐代,由此又被称为"唐槐"。这棵老槐树高20米,胸围6米有余,从远处看树叶茂盛、生机勃勃;走近看,主干早已枯朽,苍老的树皮已经褶皱,脱皮干裂,支撑其生命的是在朽空、开裂的树干中又生出的一株小槐树,形成老槐树怀抱小槐树的景观。由此,这棵古槐亦被称为"槐中槐""母子槐"。

"虬龙柏"位于景山后山中路山坡上,挂牌为一级古树。"虬龙"是头上有角的小龙,传说与明嘉靖皇帝饲养的御猫有关。据说,在嘉靖皇帝身边有一只御猫,为狮子猫,通体白色,被赐名"霜眉",与皇帝形影不离。这只御猫死后,皇帝很伤心,命人将其葬

景山二将军柏

在万岁山（今景山）山后一棵柏树下，坟称"虬龙冢"，并刻有墓碑。现在，墓碑已无存，只有古柏树还在，被称为"虬龙柏"。

"二将军柏"位于景山公园偏东北方位，北面有观德殿、关帝庙，两棵古柏苍劲挺拔，枝叶茂盛，伸出的枯枝犹如龙爪，从东向西看，刚劲有力，犹如两位将军护卫站立。据说，清康熙皇帝非常重视儿臣的教育培养，特别是骑马射箭等技艺。在观德殿前原是一片空场，康熙皇帝多次在这里观看皇子的骑射比赛，有时还亲自示范。在骑射之余，康熙皇帝曾给关帝庙题写"忠义"匾额，并将拴马的两株古柏命名为"二将军柏"。

"蝴蝶槐"位于今景山公园东门（山左里门）内与通向观德殿道路交会口东北处。据说，这个树种在北京仅有两棵：一棵在景山，另一棵在潭柘寺，非常少见。蝴蝶槐的叶子与普通槐树叶子不同，像蝴蝶翅膀，五叶一组长在叶柄上，叶子小但很茂盛，故也称"五叶槐"。这种槐树喜阳光，耐干旱，可修剪，每年七月至八月为花期，是槐树中的珍品。

"殉国槐"位于今景山公园山体东侧，可以说是中国最有故事的老槐树。明崇祯十七年（1644）李自成率领农民起义军打到北京城。夏历三月十九日夜晚，整个北京城火光冲天，喊杀声阵阵，崇祯皇帝见大势已去，从皇宫来到景山（时称"万岁山"，俗称"煤山"），与太监王承恩相对自缢身亡。因崇祯帝在此处自缢，万岁山未能保住万岁爷的性命，清初顺治皇帝将此处槐树定为"罪槐"，并用铁链子锁住。1900年八国联军进北京，这个铁链子被当作文物偷走。民国时期景山开放后，因"罪槐"的枝杈向东南伸出，像人歪长着的脖子，也被俗称为"歪脖树"。1944年，于距离崇祯皇帝自缢整300年之际，也是北京城日伪统治最黑暗的时期，文化名人傅增湘撰文，陈云诰书丹，立"明思宗殉国三百年纪念碑"，此处"罪槐"又被称为"殉国槐"。1971年老槐树被移除。1981年公园管理处将景山南坡一棵碗口粗的槐树移栽至此，替代被移除的"歪脖树"。到1996年，公园管理处又将东城区建国门内北顺城街6号居民院内一棵胸径50厘米的百年老槐树移来，代替了由园内南坡移来的槐树，作为历史上此处曾有古槐树的见证。

殉国槐（歪脖树）

第二节 太庙、社稷坛的古树名木

一、太庙的古树名木

作为左祖右社的太庙，现在是北京市劳动人民文化宫，也有大量的古树名木，粗略统计有 700 余株，其品种大部分为明初修建太庙时栽种的侧柏、桧柏。这些柏树是围绕太庙祭祀建筑环绕栽种的，也就是分布在太庙祭祀殿宇的东、南、西、北四个方位。

太庙古柏

其中，在太庙祭祀建筑前面，也就是今劳动人民文化宫南门内，古柏树更多一些，最著名的是"神柏"。传说这株"神柏"为明成祖朱棣亲手栽种，有600年的历史，位置在今日劳动人民文化宫《光荣榜》东侧。这棵古柏至今枝干茂盛，长势良好。传说明朝初年修建太庙时，明成祖朱棣要求多种柏树，以祭祀、告慰先祖，有定国安邦之寓意。但是，一连三年柏树都种不活，朱棣非常恼火。经验丰富的工匠发现是土质问题，此地原为旧河道遗址，多沙砾，主持太庙的官员于是更换土质，将皇城东北角的优质土壤运来，请皇帝、王公、大臣前来植柏，朱棣亲自栽种一棵柏树。结果，柏树不仅种活了，而且长势良好，这棵树就被称为"神柏"，以后的皇帝、王公大臣来太庙都非常敬重这棵柏树。皇帝更要求皇太子也来参加植柏活动，在神柏东侧，也就是今日劳动人民文化宫东南方位，还有一片古柏树被称为"太子林"，传说这片柏树林为明朝几代太子所植，因有的太子年幼，调皮，随意栽植，不循行距，随从太监也不敢阻拦，成林后与其他柏林不同，参差不齐，形成太庙内独特的柏树林景观。

在太庙西部柏树中还有一棵"鹿形柏"也很有特色。"鹿形柏"从东北方向观看，其枝干树干形如梅花鹿，树干上两个树洞像鹿的嘴和眼睛，造型十分奇特。在太庙西北门内还有一株柏树更为神奇，在八米高的斜枝杈上又长出一株柏树，被称为"树上柏"。老树为明代所植，新柏树为清代所生，枝杈又指向皇宫，于是又寓意清朝在太庙承袭明制，是一种天意。

太庙太子林

二、社稷坛的古树名木

社稷坛，现在是中山公园。园内的古树名木中古柏树居多，粗略统计有 600 余株①，其中多为侧柏、桧柏，还有国槐和云杉等。社稷坛与太庙有共同特点，就是古柏树围着中心祭祀建筑布局在东、南、西、北四个方位，因历史悠久，均已成林。社稷坛南坛门外的古柏树林最为有名，因明代修建社稷坛是在辽代兴国寺遗址上规划营建的，在元、明宫阙修建过程中，有意保存了遗址上的古柏树，使当下游人还可以看到有着千年以上历史的古柏树。

---

① 社稷坛内古树名木精确统计为612株，其中一级古树371株，二级古树235株，名木6株。

社稷坛南坛门外古柏

在这些古柏树中,有七棵千年以上的古柏树依然苍劲挺拔、枝叶茂盛,其中不乏名木。例如,有一棵古柏树干腰围近6米,为古柏树中的"巨人",有一棵古柏枝权很多,主干有9个分枝,分枝又有分枝,被誉为"千手观音"。

在社稷坛内还有一株古柏被称为"槐柏合抱",位于今中山公园南门内孙中山铜像东北方位,是一棵古柏树老干开裂后在树干中间又生长出了一棵古槐树,两棵树的树干紧紧合抱在一起,成为社稷坛内古树名木一绝,也是社稷坛著名的生态景观和"活文物"。

第三节　天坛、先农坛的古树名木

一、天坛的古树名木

在北京天坛内有很多古树名木。据天坛古树名木展示宣传牌介绍：天坛有古树3562株，其中一级古树1147株，二级古树2415株。该宣传牌进一步指出，北京市城区内现有古树2万余株，天坛古树占其中的15%，一级古树（300年以上树龄）城区有3606株，三成以上都生长在天坛。

天坛的柏树又分侧柏和桧柏，还有国槐、油松、银杏等。在圜丘坛皇穹宇西侧、宰牲亭东边，古柏更多一些。有专家考证，在宰牲亭东边的位置是金中都的东郊，曾建有日坛，古柏树历史更加悠久，距今有800多年的历史。明清两朝天坛古树种植大致经历了三个阶段：第一个阶段是明永乐年间在祈谷坛周边种植了大片古柏树，这些古柏树行距分明，排列有序，被称为"仪树"，有600年的历史。第二个阶段是明嘉靖年间在圜丘坛、祈谷坛外围以及外坛空地上大面积栽种桧柏，形成天坛古柏树分布的基本格局。第三个阶段是清乾隆时期，对天坛建筑改建时进行绿化，不仅补栽了侧柏、桧柏，还增加了槐树、柳树等。

在天坛古树名木中，最著名的是"九龙柏"，为明初栽种，有600多年的历史，位置在天坛皇穹宇（俗称"回音壁"）西北侧，树高18米，特点是树干褶皱的纹路犹如一条条龙身[①]，九条突出的

---

① 蛇形，中国民间有蛇为"小龙"之说。

纹路从上往下纠缠，形成九龙缠绕的形态，故得名"九龙柏"。这样纹路的古柏在古树名木中非常罕见。据民间传说，明清两朝皇帝祭天路过此树时，都要停下来观看一下这棵奇特的古树。由此，这棵古树又有"九龙迎圣"的美名。传说，清乾隆皇帝曾来到这棵古树下休息，突然听到一种奇怪的声音，卫士们循着声音寻找，发现有九条蛇钻入泥土中。皇帝令卫士挖土抓蛇，却不见蛇的踪迹，但发现古柏树上的褶皱纹路凸起，形成九龙缠绕的动态景观。于是，人们更加相信这棵古柏树有灵气，是九龙（蛇）的居穴。

在天坛，有百年历史以上的古树名木3562株，再加上近几年绿化新植的各种树木，已经成为北京著名的林海，其中有名的古柏还有"问天柏""迎客柏""莲花柏""柏抱槐"等，而"九龙柏"因树干高大、直挺，在绿色植物中非常有特色，又被誉为天坛林海中的"定海神针"。

二、先农坛的古树名木

由于历史原因，先农坛（今北京古代建筑博物馆）古树名木保存下来的相对少一些，园内工作人员告知有200余株，在北京古代建筑博物馆管辖范围内有100余株，主要集中在太岁殿、观耕台、神仓等处。

在北京中轴线申遗工作的推进下，先农坛正在腾退非坛庙建筑，留白增绿，建议补栽更多的侧柏与桧柏，恢复先农坛原有风貌。站在新千年，我们应为下一个千年着想，为我们的子孙后代留下更多古树名木。

天坛九龙柏

第十一章 北京中轴线上的古树名木

先农坛内古柏

第十二章　北京中轴线的延伸

第一节　北京中轴线的北向延伸

进入20世纪90年代后,北京城开始走向现代化。现代建筑拔地而起,不可阻挡地席卷着北京城。

1990年,对北京人来讲,是一个充满欢乐和活力的年份,第十一届亚洲运动会在这里举办。运动员村和比赛场馆位于北京市朝阳区安慧桥西侧及新开通的北四环中路南北两侧。这里有新落成的五洲大酒店、汇园国际公寓、英东游泳馆、田径馆和曲棍球馆等。

北京城在迎接亚运会的过程中,为缓解从北京老城到亚运村的交通压力,从北二环中路的钟鼓楼桥到北四环中路的北辰桥新开辟了一条通道。这条通道是继元大都确定北京中轴线后,第一次向北如此长距离的延伸。这条向北延伸的道路名"北中轴路",后续延伸的道路名为"北辰路"。

"北辰"代表一种美好的寓意。古时候,日、月、星统称为星辰,而众星拱卫的北极星的另一个名称就是"北辰"。在古人心目中,北极星是众星之星,位于众星的中心,永恒不动。由此,北辰也有中心和永恒的含义。《论语·为政》讲:"为政以德,譬如北辰,居其所而众星共之。"意思是,执政的君王以德治天下,就会像北极星那样处在天的正中,形成众星环绕的局面。而我们取其名有多种含义,其中一种解释是第十一届亚洲运动盛会将在良辰美景的气氛中召开。而据北京城市规划部门的同志介绍,1987年命名的"北辰路"是在老城中轴线北面的延长线上,与南面的延长线"南苑"相呼应，故称"北辰"。

值得注意的是，北辰路的规划也传承了中轴线传统布局特点。这个特点就是"中心明显、左右对称"，在中轴线两侧的建筑要对称或呼应，在北辰路东面建设了国家奥林匹克中心体育场馆，在北辰路西面修建了中华民族园（亦称"中华民族博物馆"）。这种布局尽管看上去不像老城中轴线两侧建筑那样经典、整齐和对称，但作为新时代的建筑能尊重北京城市的传统文化特征，值得肯定。除此之外，北辰东路和北辰西路也是对称地分布在北中轴路两侧。

第十二章 北京中轴线的延伸

第二节　奥林匹克公园规划与建设

2001年7月13日,北京成功获得第29届夏季奥林匹克运动会的举办权。为此,北京的城市发展建设又如插上翅膀,出现了突飞猛进的势头。其中,最受人瞩目的是奥林匹克公园建设。

如何规划建设奥林匹克公园?北京市规划委员会当时采取了面向社会公开招标的办法,国内外优秀建筑设计单位可直接参与。侯仁之教授也提出了自己的见解,他认为:可以借鉴明代挖紫禁城护城河并以其土堆景山的方式设计中轴线末端。这一设计思想与一些设计大师的思想不谋而合。在北京市规划委员会收到的设

奥林匹克公园首次规划示意图(未采用)

计方案中，70%以上的设计方案都采用了中国传统造园的思维方法，即"挖湖堆山"的手法，而且大部分设计方案都有大片的水域和环绕的山丘，这也是中国传统的造园手法之一。

2002年7月16日至29日，在北京国际会议中心举办了北京奥运规划设计方案展。奥林匹克公园规划设计是在1990年亚运会期间中轴线向北延伸后的又一次扩展，这次设计方案将中轴线延长到25公里。北部的湖水与轴线东侧的奥林匹克运河水相通，其形状犹如一条水龙，与老城内水龙——位于中轴线右侧的六海（南海、中海、北海、什刹前海、什刹后海、什刹西海）遥相呼应，在中轴线上一东一西、一上一下，形成左右对称和上下相互呼应的格局。最终，这一方案被确定为奥林匹克公园的规划实施蓝本。

奥林匹克公园是第29届夏季奥运会的中心活动区域，位于中轴线延长线的最北端，北至清河，南至土城北路，西到白庙村路和北辰西路，东到安立路和北辰东路。

奥林匹克公园南大门是阙门——一左一右两个石柱式建筑对称在北辰路南端点，这里原来是亚运会时修建的熊猫环岛。"阙"是中国古代社会大门的象征，而且是重要门庭大门的标志。例如，在北京故宫午门前，有阙左门和阙右门，是皇帝出紫禁城去太庙和社稷坛最近的线路，同时也是帝王大门前的标志性建筑，只是人们游览故宫时没有注意。设计奥林匹克公园南大门是有讲究的，因为南为正，向阳，既要有创新，又要与北京中轴线历史文脉衔接。我们仔细观看这两个阙门，既有现代建筑特点，又有传统文化内容。

上半部为红色陶瓷片装饰,图案是百鸟百兽图,取自中国剪纸艺术,下半部为大理石,形状为中国的斗拱,展示的是中国传统的建筑结构。红色、剪纸、百鸟图、斗拱都是典型的中华文化元素。两个阙门,一左一右,既对称又和谐,同时又像一个人张开双臂迎接五湖四海的宾客。由此这对阙门又被称为"和谐阙"。

在奥林匹克公园大门内,有个天地坛农历广场,简称"农历坛"。农历坛外形为方和圆的造型,象征着天地;四角刻着"春耕""夏锄""秋收""冬藏",象征着一年四季;圆形圈为三重,最外是二十四节气,往里是天干、地支,核心由十块大理石组成,寓意十全十美,预祝北京举办体育盛会的圆满成功。在北京中轴线延

奥林匹克公园南大门(和谐阙)

长线上增加天地、节气等传统文化内容,也是一种文脉延伸的展现。2008年是生肖鼠年,天地农历坛将正北中心点设计为"鼠",南北形成子午线,又成为北京中轴线的非物质文化遗产之一。

天地农历坛

"天境"为奥林匹克森林公园堆山后形成的最高点。"天境"是中国古代造园追求的一种境界。中国古代园林讲究两种文化意境:一种是仙境;另一种是天境。"仙境"和"天境"都是中国古代造园的最高境界。在天境处有一块高5.7米、重达63吨的泰山石矗立在主峰上,作为平安祥和的象征而成为奥林匹克森林公园

北京中轴线

的标志性景观。在奥林匹克森林公园共有八块超过 30 吨重的大型景观石，其中三块来自山东泰安。北京城内民宅讲究镇石，而镇石多选自山东的泰山石，被民间称为"泰山石敢当"，当民宅大门对着路口、河道时，就要在屋脚或房基处安放上一块镇石，刻上"泰山石敢当"字样。

天境景观

在仰山顶上，还有北京中轴线延长线的重要标志——北京中轴线仰山坐标点。这个坐标点为棱柱形，下宽上窄。在奥林匹克公园内还有很多人工桥，这些桥既连接了水道，又可以当作景观欣赏。当然，在这么多桥之中最值得一看的当数位于北京城市中轴线延长线上的天辰桥。这座桥飞跨北五环快速路，连接奥林匹克森林公园南园、北园，是一座"生态廊道桥"。称其为"生态廊道桥"，是因为这座桥不仅仅是为了方便行人和车辆过往的立交桥，同时也是方便南园、北园野生动物迁徙而铺就的绿色通道。这种生态廊道桥是北京绿色发展的象征，由此被称为"绿色生态立交桥"。

生态廊道桥示意图

天辰桥建造在向北延长的北京城市中轴线上,使北京中轴线内容更加丰富,引领北京人更加关注生态环境保护。

　　整个奥林匹克森林公园分为南北两区,南区重生态,北区重野趣。从南北两区不同的作用和特点来看,树木的种植种类很讲究。北区坡地密林区为生态物种种植园地,植物多选北京乡土树种,设计上模仿山野氛围,突出山林彩叶特色,充满野趣;南区森林公园则立足构建大型自然山水景观,形成山环水抱、诗意和大气的空间意境,以疏林草地为主,有各类大乔木,共计约 53 万株,是游人亲水佳处。

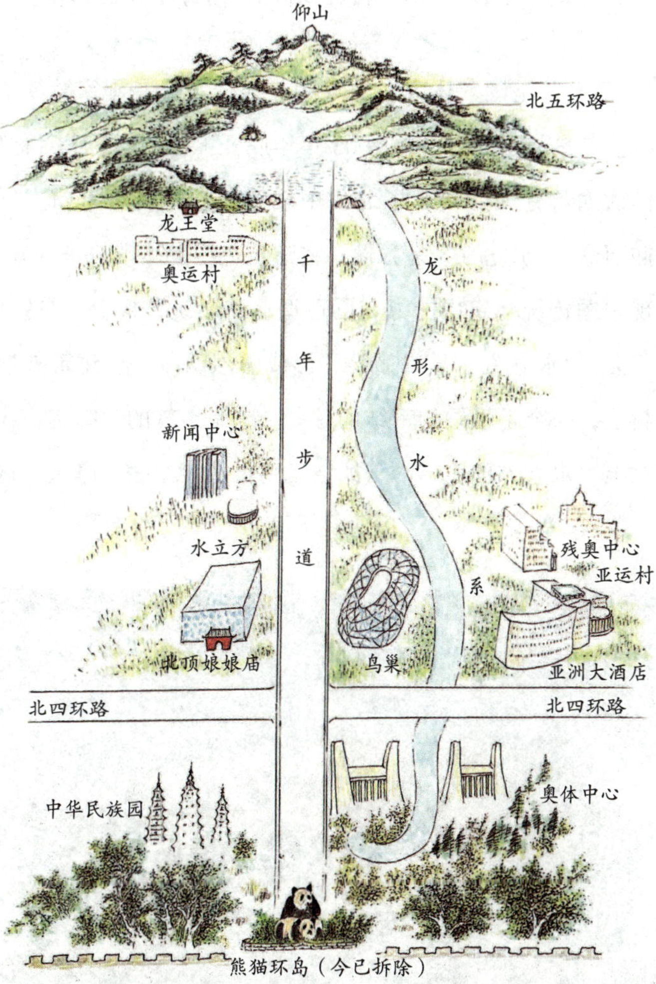

第十二章 北京中轴线的延伸

奥林匹克森林公园平面图

第三节　鸟巢、水立方和冰丝带

"鸟巢"是国家体育场的俗称;"水立方"是国家游泳中心的俗称。鸟巢与水立方是在2003年年底开工建造的两大对称建筑。这两大对称建筑,传承了北京中轴线的对称建筑布局。"鸟巢"是椭圆形,"水立方"是方形,在建筑造型上体现的是一方一圆,展现中国传统建筑中的方与圆造型;在建筑结构上,"鸟巢"显得复杂,"水立方"显得简洁,形成强烈反差;在建筑外形装饰材料上,一个是强硬的钢结构,另一个是柔软的膜结构;在建筑寓意上,水立方代表寒冷、冰洁,鸟巢代表温暖、厚重,这也是

鸟巢（国家体育场）

强烈的反差。"鸟巢"和"水立方"这两个建筑，既反映了中国传统建筑的造型特点，又有建筑造型的创新思维。

"鸟巢"是用钢铁编织的一个巨大的椭圆形建筑，设计结构奇特新颖。其中，"鸟巢"钢结构总重4.2万吨，最大跨度343米，建造过程中需解决抗震、露水、雷击等多方面的问题，才能保证工程完成验收，所使用的是当时国家最新研制的、耐压的合金高强度钢材，这种钢材被称为110毫米Q460。过去这种钢材要从日本、韩国、卢森堡等国进口，而因"鸟巢"建设需要这一类型的钢材量非常大，河南舞阳特种钢厂的科研人员经过长达半年的科技攻关，研制出了国产Q460钢材，为"鸟巢"的建造创造了良好的物料条件。

水立方（国家游泳中心）

国家游泳中心"水立方",是由海外华人华侨集资捐助修建的,也是一座科技含量高、具有创新精神的现代建筑。例如,水立方是首次大规模采用先进的环保节能 ETFE(聚四氟乙烯)膜材料全覆盖。过去还没有建筑使用过这种材料,更不用说如此大面积使用。用 ETFE 膜材料来作外装修,不仅透光效果好,节省能源,而且建筑外表能够自然清洁,在不同光线下还能产生不同视觉效果,是北京现代建筑的一项创新成果。

时光进入 2022 年,北京又成功举办了第 24 届冬奥会,成为世界上首个"双奥之城"。在奥林匹克公园中又多了一个新建筑——被称为"冰丝带"的国家速滑馆,位于水立方西北方位。这座新型的体育场馆设计理念来源于冰和速度,建筑造型是根据冰凌的形状,整座建筑外幕墙用 3360 块大玻璃拼接而成,玻璃上带有冰凌造型,拼接后形成 22 根大小不一的曲线,组成流线型的冰面造型。冰场面积 1.2 万平方米,可同时接待超过 2000 人的冰上运动,适宜开展速度滑冰、花样滑冰、冰球、冰壶等竞技活动。

冰丝带(国家速滑馆)

第四节　奥林匹克大风景

沿着中轴线向北俯瞰北京城,你会发现在中轴线上形成了近、中、远三层山,而且这三层山还形成层层环抱之势。这三层山分别是:近景——北京中轴线景山;中景——奥林匹克森林公园仰山;远景——北京燕山山脉。

景山,明初由挖河(筒子河)堆山而成,当时称"万岁山",是明朝确定的北京城市镇山和城市中轴线上的制高点,高42.6米。清顺治十二年(1655)更名为"景山"。景山这个名字,是为了突出北京是"日"下京城。

仰山,是奥林匹克森林公园主山,21世纪初由挖湖(先称"龙湖",后称"奥海")堆山而成,海拔86.5米,相对高度48米,山顶为天境,安放有泰山石。这座山的堆建,象征着中华民族屹立于世界民族之林,是奥林匹克大家庭的重要一员,又是北京"绿色奥运"的具体展现。从2007年年初开始,山体全面绿化。同时,人们又发现,在山体东面原有一个小村庄,名"仰山村",在修建北五环路时,又修建了一座立交桥,名"仰山桥",桥下有清河导流渠"仰山闸"。为此,有识之士提出,原命名的"奥林匹克山"可以叫"仰山",不仅就近使用了老地名,更与北京中轴线上的景山在名称上遥相呼应,形成"景仰"之寓意。

"景仰"在中国古代文献中是有讲究和出处的。《诗经·小雅·车辖》中就有"高山仰止,景行行止",大意是高尚的道德令人仰慕,宽阔的大道令人神往。中国汉代大儒郑玄认为，"高山"是一种高尚的品行和道德，让人仰慕；"景行"，为大道，比喻行为正大光明。宋代大儒朱熹也认为，"仰"，瞻望也；"景行"，大道也；高山则可仰，景行则可行。司马迁在《史记·孔子世家》中也说："高山仰止，景行行止；虽不能至，然心向往之。"由此可见，用"仰山"命名大有学问。

同时，有人建议，山前的湖可以叫"奥海"，一是北京地区习惯称湖为"海"，如，什刹海、北海、中南海、南海子；二是"奥"字代表奥林匹克，也有形容湖水深的含义。

燕山山脉，海拔400~2200米，主峰雾灵山海拔2116米，作为中轴线向正北方向延伸的大背景，位于奥林匹克公园的正北面。它既是天然的山脉，又是北京城市北部的天然屏障。燕山山脉位于北京湾北面，是北京文明的重要发源地之一。人们将在燕山地区建立的诸侯国称为"燕国"，建立的都城称为"燕京"。由此可知，"燕"不仅是北京最古老的地名，也是北京最古老的城市名称。燕山山脉在北京城市正北，今昌平山前区域，其地势和山形，犹如巨人张开双臂，怀抱着北京城，怀抱着奥林匹克公园。

山与水紧密相连，有山必要有水，而且山在水的后面，水在山前流淌。中国古代堪舆学把这种现象称为"前有照，后有靠"。"照"讲的就是水；"靠"讲的就是山，要求山形要稳，位置处于正中。根据上述要求，景山、仰山、燕山均在北京城和向北延伸的中轴线上。景山、仰山均是人工堆积的山，山体造型不仅稳重，位置中正，而且左右对称。在景山前面，有内、外两条金水河为照；在仰山山前，有奥海为照。不仅如此，在仰山东西两侧还有绿水、坡地，形成"前有照，后有靠，左右环山绕"的传统山形水系。

第十二章 北京中轴线的延伸

第五节　穿越北京中轴线的地铁 8 号线

在北中轴线及延长线上最早出现的地铁是奥运支线,这条支线南起当时的熊猫环岛,北止奥林匹克森林公园,全长 4.5 公里,共计四站,即北土城站、奥体中心站、奥林匹克公园站和森林公园南门站。地铁奥运支线是在北中轴线及延长线上率先开通的地下轨道交通,其修建既科学,又环保,而且非常漂亮,可以说是一站一景。从南向北,首先是北土城站,地上紧邻元大都北土城遗址,站内采用了中国传统的青花瓷装饰,展示的是中国古老的

元青花瓷装饰的地铁北土城站

文化艺术；奥体中心站，地上东侧紧邻国家奥体中心体育场馆，站内展示的是各种体育运动项目；奥林匹克公园站，地上西侧紧邻水立方，站内展示的是海洋生物；森林公园南门站，地上位于奥森公园南大门，也是奥运支线的终点，站内展示的是以森林为主题的场景。在奥林匹克森林公园站南门内，立柱被装饰成树干，天花板用不锈钢钢板制作成不规则的"枝杈"，中间穿插照明电灯，乘客置身其间，犹如置身森林海洋中。由此，有人参观后感叹说，森林海洋的主题点亮了奥林匹克森林公园的主题，这个主题就是注重生态环境保护。

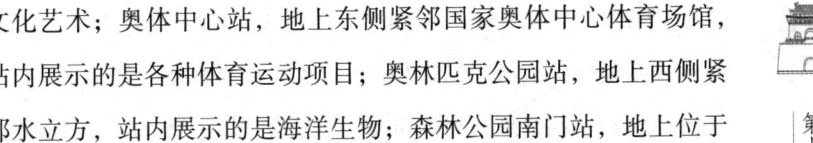

奥运支线还是穿越北京中轴线地下交通轨道建设的起点。2008年北京奥运会后，奥运支线向南北方向延伸，向南延伸到老城美术馆东街，然后继续向南延伸到北京大兴区瀛海镇；向北延伸到昌平区朱辛庄站，这就是当下北京地铁8号线。地铁8号线总计35站，其中从永定门外到大红门为南中轴线，从永定门到鼓楼大街为北京中轴线，从鼓楼大街到奥林匹克公园为北中轴线。在地铁8号线的修建中，特别注意北京中轴线地下文化层的保护，对钟鼓楼、景山、故宫、天安门、正阳门等历史建筑地下保护范围采取避让、线路向东折返等措施。同时，在沿线中，又有几个车站可以直接或就近探寻北京中轴线的历史和文化街区。

例如，地铁天桥站，出口就是新修建的天桥小广场，这里不仅有老天桥标志性建筑"四面钟"，还有青铜雕刻的"天桥八怪"。地铁前门站，出口就是正阳门城楼和箭楼，是领略北京中轴线最佳看点。地铁什刹海站，出口就是鼓楼前大街，是了解北京中轴线居中道路、前朝后市、商业街区的最佳地方。在地铁这一站出口向西看是什刹前海风光,向东看是北京典型的街巷胡同,万宁桥、玉河、澄清上闸遗址、火神庙等均汇集在此地。

地铁8号线还是游客来北京乘地铁了解北京中轴线的重要线路,有关部门已经启动"地铁8号线专列设计",通过车厢装饰、广播讲解等方式向世人展示北京中轴线的物质和非物质文化遗产。

第六节　北京中轴线文脉延伸

进入新千年,继北京成为"双奥之城"后,沿着北京中轴线,文脉在不断延伸。

2008年北京举办夏季奥运会,出现了"南苑北辰"的城市发展格局,也就是沿着北京中轴线北端点北面的钟鼓楼立交桥向北延伸到北辰路,终点是奥林匹克森林公园内的仰山;沿着北京中轴线南端点永定门外大街向南,经大红门、南中轴路到达南苑,这里有大片的湿地景观。

南苑,象征大地泽被;北辰,象征天上北斗。"南苑北辰"就像古人预先留好的空间,适应了北京西北高、东南低的地势,传承了北京中轴线从永定门至正阳门为地,正阳门至钟鼓楼为天的传统文化理念。

2022年,北京举办冬奥会,启动了北京大兴国际机场,使北京中轴线南延长线到达北京市的最南端。城市发展空间一下子激发了北京城市发展的灵感。这个灵感就是南中轴的规划建设,专家们将之比喻为朱雀展翅腾飞。从故宫午门(朱雀门)出发,沿着端门、天安门、正阳门、永定门、大红门、南苑森林湿地公园,一直飞翔到北京大兴国际机场。凤凰落地,北京城完成一次跨越式发展,这个发展秉承着创新、协调、绿色、开放、共享理念,使北京南中轴延长线规划、建设被提到日程上。

南中轴延长线的发展充分吸收了北中轴延长线的经验,定位为"生态文化发展轴",其核心是凤池公园凤池中心①。凤池,取自古代皇家御苑名称,皇家禁苑中的池沼之地称为"凤池",北京的南苑就是古代皇家池沼之地,又有凤河水流经。在古都北京宫城方位中,也讲究左(东)青龙、右(西)白虎、前(南)朱雀、后(北)玄武,凤池中心方位适宜,以至有人建议,在南中轴延长线上还可以修建朱雀台或朱雀阁,增色南中轴延长线的文脉色彩,建构北京现代艺术馆,营建北京博物馆之城,开辟新国门旅游观光区,打造北京会客厅。

站在南中轴延长线上,想起清康熙皇帝在南海子写的一首诗:"羽仗连花影,帷宫接柳荫。凤城回头望,缥缈五云深。"这里讲的凤城是指北京的紫禁城午门,而从南海子看帝都,更在层层缭绕的云彩中。

北京的未来发展依然是延续传统、传承文脉、绿色发展,构建山水城市的发展格局。

北京中轴线及其延长线全长总计达到88.8公里(与2008年北京奥运会开幕时间8月8日晚上8点巧合),由南向北依次为南中轴延长线、南中轴线、北京中轴线、北中轴线、北中轴延长线共计五个段落,北京中轴线居其正中。其中,南中轴延长线从永定河左岸到凤池公园凤池中心,距离35.5公里;南中轴线从凤池中心到永定门,距离11.5公里;北京中轴线从永定门到钟楼,距离约7.8公里;北中轴线从钟楼到奥林匹克森林公园,距离8.5公里;

---

① 凤池景观位于凤池公园,公园正在规划建设之中,位于南中轴森林公园之中。

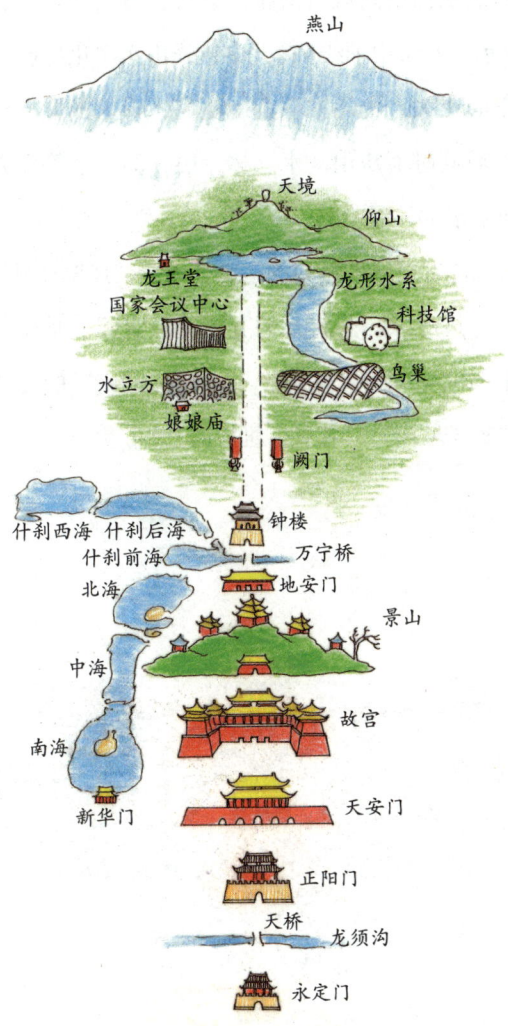

第十二章 北京中轴线的延伸

中轴线串联景山、仰山、燕山示意图

北中轴延长线从仰山到燕山南麓,距离25.5公里。这种文脉的延伸,依旧传承了北京中轴线、南北中轴线山水文化特点,依山傍水,城市绿色空间更大,生态文明程度更高,追求的是蓝绿交织、清新明亮、水城共融,从山、水、林、田、湖、草等多方面绘制北京城市面向未来的发展蓝图。

北京大兴国际机场航站楼的造型寓意为"凤凰展翅",采用"五指形"布局,远看像一朵盛开的五瓣花,实际上是凤凰的翅膀向外延伸。中国文化中有"凤凰于飞,和鸣锵锵"的传统,与首都机场形成"龙凤呈祥"空客双枢纽格局。

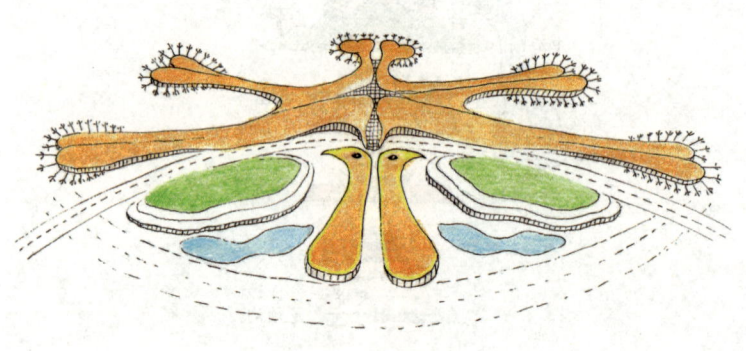

北京大兴国际机场"金凤凰"设计示意图

参考文献

[1] 于杰,于光度.金中都[M].北京:北京出版社,1989年.

[2] 首都博物馆.元大都[M].北京:北京燕山出版社,1989年.

[3] 北京市文物事业管理局.北京名胜古迹辞典[M].北京:北京燕山出版社,1989年.

[4] 谭伊孝.北京文物胜迹大全(东城区卷)[M].北京:北京燕山出版社,1991年.

[5] 陈文良.北京传统文化便览[M].北京:北京燕山出版社,1992年.

[6] 徐静.伟人安息的地方[M].长春:吉林人民出版社,1993年.

[7] 中国社会科学院考古研究所.中国考古学论丛[M].北京:科学出版社,1993年.

[8] 王永斌.话说前门[M].北京:北京燕山出版社,1996年.

[9] 贾英廷,蔺炳奎.天安门[M].北京:中国商业出版社,1998年.

[10] 树军.天安门广场历史档案[M].北京:中共中央党校出版社,1998年.

[11] 龙霄飞.北京皇宫御苑的佛寺与佛堂[M].北京:华文出版社,2004年.

[12]王子林.紫禁城风水[M].北京:紫禁城出版社,2005年.

[13]王贵祥.东西方的建筑空间——传统中国与中世纪西方建筑的文化阐释[M].天津:百花文艺出版社,2006年.

[14]北京大学历史系《北京史》编写组.北京史(增订本)[M].北京:北京出版社,2012年.

[15]侯仁之.北京历史地图集[M].北京:文津出版社,2013年.

[16]郭豹,北京市正阳门管理处.巍巍正阳——北京正阳门历史文化展[M].北京:北京燕山出版社,2014年.

[17]北京中山公园管理处.中山公园[M].北京:团结出版社,2014年.

[18]万依.故宫辞典(增订本)[M].北京:故宫出版社,2016年.

[19]阎崇年.北京文化史[M].北京:北京出版社,2021年.

后 记

一

北京城在世界城市建设史上占有独特地位。这种地位不仅表现为北京是六朝古都①，而且是中国六大古都②之一，是中国历史文化名城，更是世界上著名的历史文化名城。一位外国游客走遍世界后认为，中国的北京和法国的巴黎是世界上文物遗存最多的两个城市，也是文化积累最深厚的两个城市。北京还是博物馆之城，近年来人们感觉北京最大的变化是绿地多了，博物馆多了。北京有各种类型的博物馆，馆藏丰富，藏品数量难以估量，这在国内外大都市和历史文化名城中都是罕见的。丹麦设计师罗斯穆森曾在《城市与建筑》一书中这样赞扬北京城："整个北京城乃是世界的奇观之一，它的（平面布局）匀称而明朗，是一个卓越的纪念物，是一个伟大文明的顶峰。"美国建筑设计师贝肯也赞扬说："在地球表面上，人类最伟大的个体工程，可能就是北京城了。"

然而，北京城的古都风貌保护却经历了艰难而曲折的过程。在这个过程中，有相当多的文化古迹遭到破坏。这种破坏分为两类：一类是自然的损坏。例如，大气中的酸雨对汉白玉石质建筑的腐蚀；

---

① 六朝分别为后燕、辽、金、元、明和清。
② 中国的六大古都分别是西安、洛阳、南京、开封、杭州和北京。

风、雨、雷电、火灾、地震等对古建筑物的损坏等。特别是北京古建筑多是砖木结构，有些建筑每过几十年就要大修，若维修跟不上，自然会遭到破坏。一类是人为损坏。1860年英法联军入侵北京城时，除火烧圆明园外，北京西郊的"三山五园"均遭到破坏。1900年八国联军进入北京城后，不仅划分区域驻扎，同时又进行疯狂掠夺，除古玩、玉器、字画、金银器皿外，北京城内古代建筑也遭到破坏。例如，北京城最早出现城墙豁口是在1900年，八国联军中的印度籍士兵率先在永定门西侧扒开城墙，开豁口，将城外铁路引进天坛西门，以方便运输军需用品，同时运走掠夺的物品（大部分是在入城时掠夺的物品，经过廉价拍卖，窃为私有）。另一件震动北京人的大事是在正阳门燃起大火，将正阳门城楼、箭楼烧毁，只剩下光秃秃的城门洞。一直到1902年，光绪皇帝、慈禧太后回京时，正阳门城楼、箭楼也没有得到修缮。为此，民国期间曾在北京鼓楼举办过八国联军入侵北京城罪证的图片展览，鼓楼也一度被称为"明耻楼"。最近，中共北京市委党史研究室专门进行了北京抗战损失调查：在日伪统治下的北平，先后进行了五次强化治安运动，北京城内的金、银、铜、铁等物件被搜刮一空，其中有一些是文物珍品。

从19世纪至20世纪来看，北京城市古代建筑遭到破坏的历史有100余年。在这100余年中，既有英法联军、八国联军先后入侵，日本军队占领北京城，又有军阀混战、豪强掠夺，同时伴随着北京城市开始近代化过程、工业化过程。由于20世纪前50年社会动荡，社会经济发展缓慢，北京城内多数文物古迹没有得到修缮，甚至与垃圾为伍，展现的是一片衰败景象。20世纪后50年北京城相对和平，但是在"左"的思潮和盲目的城市化建设中，也使北京古代建筑遭到较大破坏。

到20世纪90年代，北京老城危旧房改造又出现高潮。在这个改造过程中，一些比较好的四合院，一些历史文化积淀深厚的街巷胡同被拆除，取而代之的是新式的高楼建筑。当北京的街巷、胡同、四合院快速减少、面目全非的时候，人们终于认识到这种"推平头"式的老城改造不可取。尤其只注重经济效益，忽视北京城市传统文化的做法实在有问题，对待北京历史文化遗存保护也出现了严重偏差。一些人认为古建筑是阻碍城市现代化发展的障碍，但他们没有注意到新建筑与古建筑的和谐统一，以及有机结合。尽管有些专家学者大声疾呼，甚至还进行了城市改造的创新和探索，但一些地方还是把文化遗存当成"古代遗留的垃圾"，进行快速处理，以致对文化遗存产生破坏。

过去的20世纪，面对北京文物古迹的减少和遭受破坏的现象，也涌现出很多保护北京城文物古迹的人物、声音和实例。例如，始终受到人们怀念和尊敬的梁思成和林徽因，他们用尽毕生精力参与保护北京文物古迹。还有许多政协委员、人大代表在每年召开的两会上，都对北京老城文物保护提出具体建议。经过20世纪100年的曲折探索，人们终于认识到，北京老城是世界上保存下来的最高水平的古代都城，是人类共同的文化遗产；北京中轴线不仅是古都北京的城市脊梁、北京城文物保护的核心，而且是北京城市发展的优势所在、资源所在和创新的源泉。

二

把一个什么样的北京城带入21世纪，是每一个北京人都应该关心的问题。没有民族文化，便没有国家文化；没有群体文化，便没有个体文化。每个关心下一代健康成长的人，都应该关心下一代人生存的文化环境。正如一些文物专家呼吁的，我们不能"享祖先福、造子孙孽"，要把今天的文物资源保护、利用与明天子孙万代的需要结合起来，这就是我们提倡的可持续发展。

20世纪末21世纪初，在世界范围内出现了文化遗产保护的热潮，并将此举作为衡量一个国家或政府文明与进步程度的标识。例如，2001年阿富汗战争中塔利班政权决定炸毁巴米扬大佛，遭到全世界的反对，时任联合国秘书长安南专门为此事发表了讲话，劝说塔利班政权放弃这种破坏文化遗产的举动，但未阻止成功。与其相反，北京进入社会主义建设新时期，始终把历史文化遗存保护放在第一位，注重城市文脉延续和文物保护，提出要像对待"老人"一样尊重、善待城市中的老建筑，处理好城市发展与文物保护的关系，着力解决城市建设中历史文化遗产屡遭破坏、拆除等突出问题，明确提出"老城再也不能拆了"，既要改善人居环境，又要保护历史文化底蕴，让历史文化和现代生活融为一体。

经过20世纪100年的发展变化后，值得庆幸的是，北京城市轮廓还在，北京中轴线主要建筑基本保存了下来，这就为保护北京古都风貌，特别是城市的传统和特点提供了很好的基础。由此，1998年联合国教科文组织派遣官员来北京考察天坛、颐和园并将其列入世界文化遗产时，认为北京老城的核心区域，也就是明清北京的皇城范围值得加以保护,并向北京市政府和文物主管部门提出建议。这一信息告诉我们,北京古都风貌仍有保护价值,而北京老城核心区域正是北京传统文化的精华。由此,保护好北京老城中轴线显得更加迫切和重要。从2008年举办第29届夏季奥运会,修建奥林匹克公园,新老北京城市对接,到2008年8月8日晚8点奥运礼花从永定门点燃,一路向北,途经正阳门、天安门、故宫、景山、钟鼓楼,一直到鸟巢上空,形成29个大脚印,人们越来越感觉到北京中轴线的魅力。在"人文北京"建设中,将北京中轴线列入世界文化遗产对推进北京历史文化名城整体保护太有必要了。由此,北京开启了中轴线申遗历程。

2008年北京奥运会结束后,北京由"人文奥运"转入"人文北京"建设,提出北京中轴线申遗的愿景。2010年,国家文物局将北京中轴线申遗列入备选名单。2011年,北京中轴线申遗文物工程正式启动,中轴线文物保护工程同时启动。文物保护工程包括修缮永定门城楼、地安门雁翅楼、外城东南角楼等;整治的范围包括钟鼓楼、地安门、什刹海、大栅栏以及周边的环境。环境整治带动了北京"背街小巷"治理。2012年,北京中轴线以高票被列入《中国世界文化遗产预备名单》,反映出老百姓对北京中轴线申遗的迫切愿望。同年,疏通万宁桥东侧的玉河河道,玉河风貌恢复工程完工,再现北京老城"水穿京城"的城市景观,与随后修复的前门外三里河水系形成南北呼应的城市水景观,也为大运河申遗成功提供了亮丽的名片。

2013年,北京市启动中轴线申遗工作,确定申遗名称为"北京中轴线",经过对北京中轴线历史文化的考察,随后又补充了副标题"中国理想都城秩序的杰作"。北京中轴线保护的对象是北京老城内7.8公里传统中轴线及周边保护区域和范围。2016年,"推动中轴线申遗"被正式写入北京市政府工作报告;2017年,北京中轴线申遗保护专项工作组成立(以下简称"专班")。同时,继续推进北京城市文物腾退、抢救性修缮等工作,位于景山西侧的大高玄殿和位于景山北部的寿皇殿修缮完成,随后对外开放。

2018年,《北京中轴线申遗综合整治规划纲要》完成,确定四大类、二十七项任务,开始有序推进;2019年,北京中轴线立法工作小组成立,《关于中轴线文物保护情况的报告》完成。同时,继续加大力度,对天坛公园内园林机械厂使用的场地进行腾退,恢复天坛西南角原有风貌;北京中轴线南段路中的电车天坛公交站腾退,铺设北京中轴线南段居中道路,使北京中轴线南段居中道路全线贯通。

2020年,制定《北京中轴线申遗保护三年行动计划(2020年7月—2023年6月)》并对外公布。同时完成了对太庙、社稷坛、天坛、景山等北京中轴线重点文物场地使用不当的腾退,恢复了先农坛内皇家"一亩三分地",成为北京农业生产、农业科普知识教育基地。2021年,北京中轴线申遗文本通过联合国教科文组织世界遗产中心的格式审查,北京中轴线申遗驶入快车道。同年,《北京中轴线风貌管控城市设计导则》正式印发,北京中轴线"第五立面"治理启动,重点在地安门外大街至鼓楼前、北海医院等建筑开展降层整治工程。2022年,北京市第十五届人民代表大会常务委员会第三十九次会议审议通过《北京中轴线文化遗产保护条例》，从 2022 年 10 月 1 日起开始施行。同年 6 月 9 日是"国际档案日"，经过腾退和修缮后的北京皇史宬，正式对外开放。2023 年 1 月 28 日，《北京中轴线保护管理规划（2022 年—2035 年）》正式公布实施。至此，北京中轴线申遗的准备工作——文物保护、文本制定、法制保证、规划管理等均已到位。2023 年年初还有一项亮丽工程，那就是缠绕在万宁桥东侧的排水管道被拆除，北京中轴线最古老的桥梁——万宁桥得到完整保护和精心护理。

北京中轴线申遗，推进了北京历史文化名城的整体保护。作为北京城市的灵魂和脊梁，抓住北京中轴线就抓住了整座城市文物保护的命脉；同样，挖掘了北京中轴线的文化内涵与精髓，也就挖掘了北京城市的文化内涵与精髓。同时，北京中轴线申遗工作，极大地提升了人们的文物保护意识。北京市政府和文物主管部门每年投入文物保护的资金逐年加大。工作人员对北京中轴线上的历史文物及古代建筑，从南向北，从永定门到钟楼几乎一处不落地进行了修缮，不合理使用文物的空间得到腾退，文化价值得到挖掘，文脉得到传承，文化场所得到活化利用，使北京文物保护进入良性循环。人们通过"背街小巷环境整治""申请式腾退""留白增绿""第五立面治理""一院一策规划""共生院"等生活设施和文化场地建设，使北京老城在传统风貌保护的基础上焕发生机，北京老城人的生活环境有了明显改善，生活品质不断提升，北京人正在用自己的生活方式，讲述着北京历史文化名城保护的故事。

三

在北京中轴线申遗进程中，对北京中轴线文化内涵的揭示是科学研究和知识普及的重点，我所在的北京学研究基地概括提出"中正和谐、天人合一、与时俱进、开放包容"为北京中轴线文化内涵的四个突出特点。其中，对"中正和谐"也有补充意见，例如阎崇年先生认为"中正安和"更突出其特点；对"与时俱进"，中国书店出版社总编辑马建农认为"守正创新"更具特色。在思考这一问题的时候，听到习近平总书记关于中华文明五大特性的论述，使我进一步认识到中华文明博大精深，只有全面深入了解中华文明的历史，才能有效地推动中华优秀传统文化创造性转化、创新性发展。中华传统文化有很多重要元素，其中连续性、创新性、统一性、包容性、和平性值得关注。这五个突出特性也适应对古都北京城市的文化研究、对北京中轴线文化内涵的阐释。

北京中轴线是中华优秀传统文化连续性的典范。中国都市形成中轴线至少可以追溯到曹魏时期的邺北城，然后在东都洛阳、隋唐长安、宋都汴京，一直到金中都，都有明显的都市中轴线。正在申遗的北京中轴线规划设计起步于元大都城，经过明北京城定型为7.8公里，清北京城进一步丰富完善，距今已有750年的历史，而北京中轴线所承载的历史文化更加悠久，源远流长。有考古发掘印证，河南省洛阳市偃师区的二里头文化（约公元前1750—前1500年）遗址就有明显的王城居中的建筑布局，而对天地、祖先的祭祀活动历史更加悠久。在辽宁省大辽河红山文化遗址出土的女神庙、石祭坛呈现南北走向，方与圆的建筑基址可以说与天坛中圜丘坛、祈谷坛有着惊人的相似度。在故宫午门和太和殿前安放有日晷,是通过太阳照射日晷时针的影子来划分时刻的,这一原理与距今4000多年的尧都遗址(山西省临汾市陶寺文化遗址)出土的圭表有着相同的特点。由此可见,北京中轴线文脉不仅呈现连续性,也是中华文明源远流长的伟大见证。

北京中轴线的创新性在本书中已有充分叙述。中国都城中轴线在金中都之前,基本呈现从都城南城门到北城门,中间为皇宫这样一个布局,而北京中轴线开始在元大都城规划设计,南抵南城门(丽正门),中间经过大内(宫城),北面不对着北城门,而是城市中心,这是一种创新;明朝在宫城后面增加镇山(时称"万岁山",今称"景山")也是一种创新;清朝在景山顶上修建五方佛殿,在山前修建绮望楼,在山后居中修建寿皇殿也是一种创新,是典型的守正创新,将北京中轴线"中心明显、左右对称"的特点推向极致。民国期间的正阳门改建和中华人民共和国成立后的天安门广场改造,不仅延续了文脉,而且体现了北京中轴线与时俱进的特点。

北京中轴线的统一性展现的是中华民族多元一体的文化特征。可以说,一条中轴线建筑有高有低、体量有大有小、空间有宽有窄,既呈现了中国理想都城的秩序,又有韵律,同时展现了其独有性和统一性。在具体建筑和文物上,社稷坛有五色土,东为青,南为红,西为白,北为黑,中为黄;在黄土中间是江山社稷柱,是国家统一、领土完整的象征。国土在古代帝王心目中就是统治范围,故宫三大殿的基座就是一个"土"字造型,象征东、西、南、北、中,土居正中央,"普天之下,莫非王土;率土之滨,莫非王臣"。江山社稷是古代帝王的心系,在乾清宫前左面还有江山殿,右面有社稷殿,与乾清宫构成统治核心的统一性,即乾为天,清为秩序,呈现江山社稷是朗朗乾坤,清明秩序。故宫玉器中最著名的是《大禹治水图》玉雕,大禹既是中国古代治水能人,又是中华各民族崇拜的英雄;在故宫金器中"金瓯永固杯"最具特色,是代表国家统一、江山永固的最重要节日器皿之一。在天坛有明嘉靖年间置放的"七星石",说法很多,其中一种说法是北斗七星落地,象征中华大地天人合一,而到清乾隆年间又在东北方位增加一块,象征白山黑水,表示不忘祖籍,同时表明位于白山黑水的满族也是中华民族大家庭中的重要一员。在正阳门城楼下最新安放的中国公路零公里标志也是统一性的象征。由清华大学美术学院设计的标志在中国东、西、南、北四个方位上专门采用"左青龙、右白虎、前朱雀、后玄武"的图案,既传承了北京中轴线上故宫向天设都的文化意境,又展现了北京中轴线上文化景观的统一性。

　　北京中轴线上的包容性表现在海纳百川、包容开放。北京中轴线上建筑历经元、明、清、民国、中华人民共和国五个时期,可以说汇集了中国大部分古代建筑形式,是中国古代建筑集大成。同时又海纳百川,吸收国内外各种建筑形式和文化。例如,在故宫太和殿东西两侧,为了防止火烧连营,吸收了江南防火墙;在故宫武英殿西北的浴德堂则是土耳其浴室建筑风格,东六宫延禧宫前的"灵沼轩"被誉为"水晶宫",虽然经火烧未完工,但也显露出西洋建筑形式。到民国初年,为了缓解城市交通拥堵,对正阳门城楼、箭楼进行改建，聘请德国工程师设计，增添了水泥箭窗檐、栏杆、观景台，甚至西洋图案。中华人民共和国成立后的天安门广场改造，一左一右修建的中国国家博物馆和人民大会堂是罗马式建筑，但在罗马柱上没有裸体人像，而是中国风格的图案和琉璃瓦，特别是吸收了罗马柱的建筑形式，在建筑体量和造型上增加了中国传统建筑形式，注重方与圆的变化。在非物质文化遗产上，更体现了开放与包容。故宫内大戏楼（畅音阁）、小戏台展演的京剧，是清朝进京演出的地方戏结晶；全聚德烤鸭也是经过江苏南京、山东临清沿着大运河来到北京，成为地道的北京烤鸭；等等。有人说大戏看北京，北京的大戏院都在北京中轴线及两侧；北京城中轴线就是大舞台，南来北往的戏剧、演出经过北京中轴线及两侧的大舞台，走向世界。

北京中轴线的和平性是以中华"和"文化为中心。中华"和"文化强调中正和谐、以和为贵，突出"致中和"与"和而不同"；和而不同是追求和平发展，突出共生共赢。在北京中轴线上有一座"保卫和平"坊，其来龙去脉在本书前文已有介绍。值得注意的是，1952年北京召开亚洲及太平洋区域和平会议期间，郭沫若用书法艺术化腐朽为神奇，提出了"保卫和平"，使北京中轴线上多了一处历史印记，成为人们渴望和平、追求和平的历史见证。中轴线北端钟鼓楼上空常有鸽子飞翔。因居住在钟鼓楼附近的鸽子户已将鸽哨（亦称"鸽铃"）绑在鸽子尾部，鸽子在飞行时会发出阵阵响声，传递着北京这座城市的和谐与吉祥。

四

  在北京中轴线申遗过程中,我有幸多次参与专家研讨会,特别是参加在怀柔雁栖湖召开的"2019北京中轴线申遗保护国际学术研讨活动",会后又应邀到首都博物馆做"北京中轴线文化内涵"学术讲座,与时任国际古迹遗址理事会(ICOMOS)主席河野俊行共进午餐,对北京中轴线申遗有了进一步认知,特别是对中国特色、世界标准有了进一步了解,感觉北京中轴线申遗工作还有很多事情要做,尤其在北京中轴线历史文化知识普及方面。无奈,家事和社会活动很多,一直难以静心将北京中轴线资料做一系统整理。华文出版社大众读物编辑部方昊飞主任得知情况,一直鼓励我在完善已出版的《魅力北京中轴线》基础上,再写这样一本书,对正在申遗的北京中轴线做系统性介绍,同时在百忙之中与余佐赞总编辑一起来到我位于学知桥畔的北京联合大学北京学研究基地工作室,与我最后商定本书的出版事宜。对此,我对华文出版社的敬业精神和一丝不苟的工作态度表示诚挚的感谢!同时,也向为本书出版编辑、排版、校对、印制的同志表示感谢,向关心本书出版的同人、读者表示感谢!欢迎读者对书中存在的疏漏、不足等提出宝贵意见。

2023年7月修订于北京佳兴园